PAULO ZABEU

AUTOCO NHECI MENTO

o tesouro desconhecido

© Paulo Zabeu, 2024
Todos os direitos desta edição reservados à Editora Labrador.

Coordenação editorial Pamela Oliveira
Assistência editorial Leticia Oliveira
Projeto gráfico e capa Amanda Chagas
Diagramação Heloisa D'Auria
Preparação de texto Jaqueline Corrêa
Revisão Lívia Lisbôa
Imagens de miolo Felipe Issao Minekawa
Imagens de capa Geradas via prompt Midjourney

Dados Internacionais de Catalogação na Publicação (CIP)
Jéssica de Oliveira Molinari - CRB-8/9852

Zabeu, Paulo

Autoconhecimento : o tesouro desconhecido / Paulo Zabeu.
3. ed. – São Paulo : Labrador, 2024.
176 p.

ISBN 978-65-5625-443-2

1. Autoconhecimento 2. Autorrealização 3. Conduta de vida
4. Solução de problemas I. Título

23-4990   CDD 158.1

Índice para catálogo sistemático:
1. Autoconhecimento 2. Psicologia Aplicada

Labrador

Diretor-geral Daniel Pinsky
Rua Dr. José Elias, 520, sala 1
Alto da Lapa | 05083-030 | São Paulo | SP
contato@editoralabrador.com.br | (11) 3641-7446
editoralabrador.com.br

A reprodução de qualquer parte desta obra é ilegal e configura
uma apropriação indevida dos direitos intelectuais e patrimoniais
do autor. A editora não é responsável pelo conteúdo deste livro.
O autor conhece os fatos narrados, pelos quais é responsável,
assim como se responsabiliza pelos juízos emitidos.

*Passamos a vida conhecendo milhares de pessoas
à procura de uma que seja realmente gente.
Paulo Zabeu o é. Conhecê-lo, enriquece-nos e
aumenta a nossa esperança no ser humano.*

— RODRIGO LEAL RODRIGUES
**Presidente da Academia Lusíada de Ciências,
Letras e Artes (2004)**

SUMÁRIO

INTRODUÇÃO —————————————————— 9

CAPÍTULO I
PRIMEIRO MOVIMENTO: OBSERVAR ———————— 17
Memória Conectiva ——————————————— 34
Percepção Inteligente —————————————— 36
Equilíbrio e Moderação nas atitudes e necessidades ——— 37
Universalidade das Ideias ————————————— 38
Mecanismo para ampliar a observação ———————— 39

CAPÍTULO II
SEGUNDO MOVIMENTO: REFLETIR ————————— 50
Campo Mental ————————————————— 62
Formação dos condicionamentos mentais ——————— 70
Sintomas do condicionamento ——————————— 71
Quebra dos condicionamentos ——————————— 72

CAPÍTULO III
TERCEIRO MOVIMENTO: TOMAR ATITUDE ————— 84
Omissão x Renúncia ——————————————— 89
Virtudes desenvolvidas pela prática da tomada de atitude — 98
Dicas para tomar atitude ————————————— 99

CAPÍTULO IV
QUARTO MOVIMENTO: AGIR ——————————— 105
Credibilidade —————————————————— 105
Pontualidade —————————————————— 107
Disciplina ——————————————————— 109

Silêncio Interior — 111
Alegria — 113
Continuidade — 114
O Universo das Intenções — 122
Insegurança — 125
Angústia — 125
Depressão — 126
Atitudes de apoio ao agir — 129

CAPÍTULO V
QUINTO MOVIMENTO: SABER ESPERAR — 137
Vida Produtiva — 140
Empresário X Empreendedor — 147
Iniciativa Própria — 148
Senso Crítico — 149
Criatividade — 149
Como realizar reuniões produtivas — 150
Como se preparar para dirigir ou participar de reuniões — 151
Como tomar decisões — 153
Líder x Comandante — 154

CAPÍTULO VI
CONCLUSÃO — 162
Observar — 163
Refletir — 164
Tomar atitude — 164
Agir — 165
Saber Esperar — 166

Caro leitor,

Trago aqui experiências que aprendi vivendo por esse mundo afora, trazendo de volta aquilo que mais precisamos: descobrir quem somos e como construir um alicerce seguro para nossa mudança de comportamento e reconstrução de nossa vida. Perdemos o eixo de nossa existência para mergulhar no labirinto da insegurança e nos afogar no oceano de dúvidas sobre quem somos, como estamos e para onde vamos. Se você realmente quer descobrir quem você é, por que você está aqui e o que está por trás da cortina — este livro foi escrito para você.

Vamos descobrir juntos os segredos que se escondem dentro de você. Colha melhores frutos transformando-se num oceano de amor e paz! O caminho é longo e não é fácil, pois o emaranhado da rede em que nós estamos vivendo vai exigir energias de você que, até então, eram desconhecidas.

Aprendi que o ser humano só se transforma por amor, dor, remorso e cansaço. Ofereço-lhe a opção de se transformar, expandir e viver mais feliz pela primeira opção — o amor!

Autoconhecimento – o tesouro desconhecido, com suas ferramentas, é simplesmente um espelho que esquecemos na história do tempo. Este livro é uma jornada pelos corredores da nossa existência, traduzida da história de um homem comum, mas que aprendeu a enxergar em cada ser humano um diamante a ser lapidado, resplandecendo a luz do sol interior para um universo apenas adormecido. Os 5 Movimentos para o Autoconhecimento me proporcionaram uma trilha simples e segura para a minha autorrealização, que, ainda em construção, traz-me uma luz na escuridão.

Seja bem-vindo!
Paulo Zabeu

INTRODUÇÃO

Nessa vida, na maioria das vezes, as coisas mais importantes nos acontecem de forma simples e inesperada, e o seu resultado, além de interessante, fica para sempre em nossas vidas. Quer ver? Um dia, tentando convencer um cliente de que ele deveria retirar suas economias e utilizar seu dinheiro em outras aplicações financeiras, que naquele momento me pareciam mais rentáveis, ele me respondeu:

— Paulo Zabeu, por esse caminho eu não vou, pois sei que vou me arrebentar todinho, vou quebrar... é falência; é morte certa.

— Ora, meu amigo, como é que você sabe disso se você nunca fez esse tipo de operação? — perguntei a ele, ainda cheio de entusiasmo.

— Sabe, meu amigo — respondeu-me, calmamente e sorrindo —, a vida me ensinou que existem três tipos de seres humanos: o asno, o *blue life* e o sábio. O asno é aquele que comete os erros mais primários, mais grosseiros e inimagináveis, mas acha que está sempre certo e o mundo é que está sempre errado; é um verdadeiro asno. Tenho-o em grande consideração, mas fujo dele o tempo todo. O *blue life* nunca faz nada, não age nem reage; não faz nem desfaz. Sempre simpático, passa a vida inteira procurando nada e a vida passou e ele nada aprendeu, nada realizou. Quando questionado, diz: "A vida é uma beleza. É poesia e flor. Amanhã será outro dia". Quase todos eles estão acima de seu peso, morrem deprimidos, contando estrelas, e ninguém vai ao seu enterro. E, finalmente, o sábio, que é aquele que pondera, jamais perde tempo com o ócio e sabe ouvir com atenção. Ele age com foco e é absolutamente preciso em suas decisões. Esse é aquele que, observando e refletindo sobre os movimentos da vida, aprende sempre com os erros dos outros. Vivo me incluindo entre eles e, sorrindo, olhou para trás e finalizou: — Meu amigo Paulo, faça o mesmo e aprenda a viver sem muito sofrimento.

Na época, em começo de carreira, aquela resposta foi como carvão em brasa nas minhas mãos. Aliás, o cheiro de pele queimada está, até hoje, em meu nariz, pois jamais me esqueci daquela belíssima lição.

Eu tinha a inexperiência da juventude, a teoria, a inteligência e a força do argumento; porém, o meu cliente, hoje um grande amigo, tinha a *"experienciação"* que só a observação, a reflexão e o tempo podem trazer. Com o passar dos anos, ele viu, observou, acompanhou e aprendeu, refletindo os resultados das experiências dos outros, exatamente aquilo que eu ainda não tinha feito ou "experienciado", e que era, e ainda é, a razão de seu sucesso como homem de negócios e como pai de família. Como pesquisador do comportamento humano desde os 10 anos, ao ouvir aquelas palavras, com tamanha naturalidade, de repente descobri que, para conquistar a sabedoria — que possui duas asas: o conhecimento e a virtude — existia um caminho mais curto, no qual poderíamos errar menos e aprender mais; sermos felizes e encontrar o caminho do equilíbrio, pois, na maioria das vezes, o ser humano sofre, atrita e chora muito mais do que seria necessário: o caminho do autoconhecimento. Ora, como seres pensantes, ou melhor, reflexivos, temos que aprender a exercer nossas sublimes faculdades, até para encurtar o caminho da nossa jornada no infinito.

Anos depois, concluí que a ponte entre o conhecimento e a virtude, e, portanto, a prática do autoconhecimento, poderia ser resumida em 5 movimentos. Entendi que esses movimentos não eram um privilégio de poucos, pois poderiam ser desenvolvidos por todos, já que estão latentes em nosso ser. Nesse momento, tomei consciência de que eu havia encontrado um caminho do meio, que trazia o conhecimento prático; e de forma absolutamente natural tinha sintetizado um processo para simplificar a minha vida. Com o auxílio dos 5 Movimentos, eu *aprendi a aprender*. São eles:

OBSERVAR é *percepcionar* a sombra do invisível e buscar a conexão a 360º do que eu vejo e do que eu sinto.

REFLETIR é tomar consciência da realidade que está oculta. É abrir um leque de soluções.

TOMAR ATITUDE é um movimento interno de decidir no mundo das ideias, e encontrar a neutralidade nos movimentos de nossa vida.

AGIR é materializar ideias em ações, com disciplina e continuidade, fazendo o que tem que ser feito de maneira organizada e planejada.

SABER ESPERAR é ter continuidade no processo de mudança e acompanhar os movimentos com serenidade. É a virtude primária do homem do futuro.

Através dos 5 Movimentos, você aprenderá a *"experienciação"* e consequentemente praticar o autoconhecimento. E o que é *"experienciação"*? Defini a *"experienciação"* como *o processo para desenvolver a sabedoria de viver*. Os 5 Movimentos nos despertarão para o nosso potencial produtivo, alavancarão nossas vidas sem tanto sofrimento ou dilemas e nos levarão a uma nova interpretação do comportamento humano. E o autoconhecimento é o caminho que nos leva à nossa verdadeira realidade interna e nos prepara para trilhar a estrada da aprendizagem universal e das descobertas infinitas, sem intermediários de qualquer natureza. É buscar em si mesmo a identificação com os movimentos da vida na natureza, integrando-se com o universo. Ele elimina todo e qualquer preconceito, de todas as formas.

Com os 5 Movimentos, você poderá evitar grandes problemas, encurtar caminhos, chegar mais rápido e sem pressa. Foram, até aqui, 30 anos de *"experienciação"* em dezenas de culturas em todo o mundo e em todos os ambientes da minha existência. Nem por isso deixei de ter problemas, mas se não tivesse simplificado minha vida através dos 5 Movimentos, com certeza ela teria sido bem pior — ou melhor, teria sido o caos.

Todas as palavras aqui escritas, com certeza você já leu em muitos outros livros. O que faz a diferença nesta obra:

- é a prática e não a teoria;
- é natural, pois não tem regras fixas;
- indica e mostra os resultados, sem nada exigir;

- desperta sua *força interna* e reeduca a sua *força de vontade*, sem mágicas;
- desenvolve *iniciativa própria, senso crítico* e *criatividade*, faculdades que serão conquistadas com a prática do dia a dia, resgatando nossa liberdade de pensar e *agir* para sermos, então, nós mesmos.

Outro fato que deve ser destacado é que, através da observação, aprendi que a omissão e a impulsividade, em todas as suas vertentes, têm sido o maior erro que as civilizações têm cometido.

Observei também que a omissão e a impulsividade são as molas mestras para a decadência estrutural e operacional do indivíduo, da família ou das organizações. Nossa ação contínua e planejada reestrutura e cura a enfermidade da chamada falência social: tudo é pura questão de atitude e ação de cada um de nós, burilando nossa postura interna.

Enquanto somos omissos, o que acontece, por exemplo, quando pedimos para alguém nos trazer um copo de água, pois estamos com preguiça de pegá-lo, o mundo piora e nossas vidas pioram junto. Consequência: nossa vontade e o sentido de viver vão desaparecendo no decorrer do tempo. É mais fácil se acomodar do que se incomodar.

Conscientes do papel de que também somos responsáveis por tudo que aí está, seremos capazes de transformar nossa vida e, consequentemente, a dos outros. Nosso trabalho é uma ótima ferramenta para *autorreeducação*. Uma coisa é ensinar, outra é educar e se reeducar. Somos ensinados, porém não educados. Queremos sempre aprender, mas o que precisamos agora é nos reeducar.

Educar é sempre mais do que aprender, pois não basta só a teoria, temos que *"experienciar"*. Educar é aprender ensinando, exemplificando. Ou seja, reeducar é *"reexperienciar"*. Não só *"experienciar"*, mas rever, reaprender, reentender, repraticar, enfim, renovar ideias; é removimentar e se reolhar nos valores e posturas internas, até que façam parte de nós, levando-nos à ação permanente e natural.

Como um usuário *ad-aeternum* dos 5 Movimentos, nunca havia refletido sobre divulgá-los de uma maneira mais abrangente, até que, um dia, conversando com amigos sobre a reeducação do ser e a importância desses movimentos nesse processo, um deles me interpelou:

— Paulo Zabeu, por que você não escreve o que está nos ensinando?

Ri gostosamente e disse:

— Escrever o quê, se tudo já está escrito?

— Há uma diferença... — redarguiu o meu ouvinte. — Você consegue transformar as pessoas. Consegue que elas acreditem que são capazes. Além do mais, você fala, faz e dá certo. Tudo parece tão simples.

Paula, minha esposa, que acompanhava a conversa, arrematou:

— É verdade! Acreditem ou não, ele conseguiu fazer de mim uma administradora financeira.

Todos arregalaram os olhos e um deles disse, em tom de graça:

— Paulo Zabeu, transformar uma psicóloga em uma administradora financeira... Isso já é milagre...

Este episódio foi em 1994, aproximadamente, quando treinava os dirigentes da ONG[1] que dirijo desde 1982, como fundador e voluntário. E naquele momento tomei consciência de que alguma coisa poderia ser feita no futuro, mas, como sempre em minha vida, deixei a ideia amadurecer. Refletindo esses anos, tomei uma atitude, decidindo internamente, e então agi, escrevendo este livro. Agora só resta esperar o resultado.

Nesses anos de experiência, aprendi e reaprendi com erros de pessoas e empresas multinacionais com as quais trabalhei. Entrevistei e questionei empresários famosos, construtores de impérios que saíram do nada e outros que herdaram fortunas empresariais e que, simplesmente, perderam tudo. Pude acompanhar subidas e descidas, a ascensão e a queda de organizações consideradas infalíveis. Observei homens e empresários e cheguei a uma conclusão:

---

1   Fundação Eufraten - ONG fundada pelo escritor, em 1987, e presente na comunidade desde 1982, na cidade de Campinas. Realiza, desde então, trabalhos socioeducativos gratuitos nas comunidades em que atua e, com base nos 5 Movimentos do Autoconhecimento, desenvolveu a Pedagogia Heulosófica, baseada na Heulosofia – a ciência do autoconhecimento. Conheça mais sobre esse trabalho no site www.eufraten.org.br.

Não se transforma nada nem ninguém somente com conversa ou vã filosofia. O fator transformador de coisas e, principalmente, de pessoas, é a nossa ação contínua, sem a qual teremos como resultado a falsa sublimação ou a hipocrisia. A filosofia pode esclarecer ou indicar, abrir nossa mente e nos conduzir à lógica, mas, sem ação permanente, ela é morta.

Mensagens de compreensão e amor são sempre construtivas para quem observa, reflete, toma atitude, age e sabe esperar. Este trabalho é para todos aqueles que buscam dentro de si a automotivação para transformar e mudar permanentemente seu estilo de vida. Sem isso, teremos só mais um amontoado de palavras e escritos em folhas de papel em branco.

Minhas experiências em dirigir, paralelamente, uma instituição sem fins lucrativos e uma empresa com fins lucrativos, levaram-me a concluir que:

- as pessoas são as mesmas na família, na sociedade e em todos os lugares;
- todos nós precisamos de estímulos ou automotivação, externa ou interna;
- além da satisfação financeira, é obrigatório o crescimento interno das criaturas;
- todas as estruturas materiais e organizacionais humanas são passageiras;
- a vida é um movimento contínuo, com ação direta e proporcional ao estímulo do indivíduo que o promove;
- o que fica são as experiências deixadas pelos efeitos de nossas ações;
- a arte de administrar a si mesmo e as pessoas é a virtude mais bem paga, pois traz o sucesso e a autorrealização;
- todos nós, mais cedo ou mais tarde, pelo amor, pela dor, pelo remorso ou pelo cansaço teremos que vencer os nossos limites.

A prática dos 5 Movimentos não acabará com seus problemas, mas eles serão as ferramentas que ensinarão você a administrá-los. Afinal, as dificuldades devem fazer parte de nosso cotidiano e de nossos movimentos. Com eles crescemos e nos tornamos donos de nossas vidas, independentes, seguros e determinados a curto, médio ou longo prazo. Cabe a nós decidirmos.

A grande sacada é que tudo o que fazemos tem que ser simples. O mecanismo da vida natural é o nosso ponto de partida. Na natureza, tudo é cíclico; tudo se altera de tempos em tempos. Aparentemente, apenas o homem ainda é o mesmo desde longa data, em todos os pontos do planeta.

Sem sermos iguais, todos trazemos dentro de nós o **gene do sucesso**. Estamos fadados a ser um sucesso, mais cedo ou mais tarde. O que precisamos é de um roteiro para encurtar este caminho.

Os 5 Movimentos do Autoconhecimento são a coluna vertebral de um programa especialmente feito para você que quer "encurtar o caminho", chegar primeiro e expandir o seu conhecimento prático sobre a vida. Aprendendo a *observar, refletir, tomar atitude, agir* e *saber esperar*, você mudará a sua vida, como eu mudei a minha. É um caminho sem volta.

Quando iniciamos um processo de reestruturação, seja pessoal, familiar ou profissional, para se obter sucesso, devemos compreender pontos básicos, como:

- a mudança tem que começar pelo alicerce e, na maioria das vezes, por pequenas coisas e simples atitudes;
- é preciso um alto senso de realismo para enxergar as dificuldades como elas são;
- devemos fazer o que tem que ser feito de maneira planejada, em harmonia no tempo e espaço;
- entender a fase de mudança como um período de treinamento intensivo. As pessoas terão que aprender a fazer as coisas sozinhas.

LEMBRE-SE:
Autoconhecimento – o tesouro desconhecido,
apresenta os 5 movimentos básicos para obter o sucesso na vida. Eles foram desenvolvidos e sistematizados para orientar a prática da iniciativa própria, do *senso crítico* e da *criatividade*; portanto, descubra esse potencial e se torne um vencedor. *Observar, refletir, tomar atitude, agir* e *saber esperar* são as ferramentas para uma maneira simples de viver.

Vamos lá?

CAPÍTULO I
PRIMEIRO MOVIMENTO: OBSERVAR

*É percepcionar a sombra do invisível.
É ter a visão do que está por trás de todas
as coisas; aquilo que meus olhos não
podem ver, mas está lá.*

Para entender melhor o *observar* é importante falarmos um pouco sobre um elemento essencial na observação: a *força inata*.

O ser obedece a uma força que nós chamamos inata e que é chamada por muitos estudiosos de *instinto*. Essa *força inata* ou instintiva é o que impulsiona todas as coisas. Ela é uma ação involuntária, resultante da força genética, construída ao longo de milhões de anos pela composição química e pelas energias físicas semelhantes, que se movem por si e definem a evolução da vida, segundo as leis do universo. Os animais possuem esse instinto, isto é, sabem o que têm de fazer e o fazem.

Você já refletiu o que faz com que:

- as abelhas percorram centenas de metros em busca do pólen e produzam o mel, comunitariamente, na colmeia?
- as formigas trabalhem com disciplina absoluta?
- os pássaros façam seus ninhos em lugar seguro e que lhes convenha?
- as cadelas, após parirem, limpem os recém-nascidos e os amamentem até a idade adequada?
- um macaquinho recém-nascido passe aproximadamente dez vezes pelo colo de cada fêmea do bando para receber as boas-vindas, gesto que torna o novo macaquinho filho de todos?

E tudo isso em harmonia e coerência com as necessidades do reino em que habitam é a *força inata*, ou instinto — ou seja, nasce com o ser. Acabe com as pendências e ela surgirá naturalmente.

Para exemplificar o que é a *força inata* (ou instinto), narrarei a você uma experiência de observação *consciente*:

História da Mariquinha
"A galinha inteligente"

Quando eu tinha 10 anos, estava sentado na escada de uma antiga casa de meus pais.

Chegava da escola e as ocupações eram muitas durante o dia e bastante estressantes: jogar bolinhas de gude, caçar passarinhos, empinar pipa e arrumar encrenca para meus pais com os vizinhos, que eram tão mal-educados quanto eu. Era uma vida muito dura!!!

Observava uma galinha de nome Mariquinha, chocadeira como ela só; acompanhando seus passos, os pintinhos se protegiam na vasta sombra de suas asas. Ganhou o nome de Mariquinha pela obediência incontinente à minha mãe, que se chamava Maria.

Eu pensava: "Já imaginou se eu fosse igual à Mariquinha, com nove filhos nas costas a me empurrar o tempo todo em busca de comida?".

Nosso quintal era grande e Mariquinha não deixava seus pimpolhos nem por um segundo. O meu preferido era o Tinim, que sempre atendia ao meu chamado imediatamente. Mas, um dia, por descuido da Mariquinha, Tinim sumiu para sempre; o gato do vizinho o comeu. Fiquei muito bravo e, como já disse, com as atribulações do meu dia a dia, que eram demasiadas, resolvi assumir, por conta própria, a vigilância da ninhada. Não sabia, mas aquilo mudaria minha vida para sempre.

Certa tarde, após o cansaço escolar, resolvi repousar à sombra do abacateiro, na terra fértil de nosso quintal. Seus frutos mais pareciam abóboras do que abacates, de tão grandes que eram.

Um gavião todo garboso sobrevoava nosso espaço aéreo em busca de alimento fácil. Mariquinha ficou desesperada e, como mãe afeita com os filhos em perigo extremo, começou a chamar os pirralhos, cacarejando continuamente. Imediatamente, os pintinhos entraram embaixo das asas de Mariquinha, todos encolhidos no mesmo espaço, mas absolutamente seguros.

O gavião pousou em um dos galhos da ameixeira vizinha, para esperar o momento mais apropriado para o ataque. Não teve chance. Mariquinha saiu aos berros e, deixando seus pintinhos, mergulhou, desvairada, em direção à ave de rapina que, por sua vez, levantou voo em busca de outra oportunidade. Pulei da rede paralisado, pois havia presenciado uma cena surpreendente que me marcaria para sempre. Mariquinha, vitoriosa, espalhou os pirralhos pelo quintal novamente e seu cacarejar voltou ao normal.

Durante os meses seguintes, Mariquinha, minha professora, dava comida na boca de cada um de seus pimpolhos para, em seguida, chamá-los e ensiná-los a pegar seu próprio alimento no chão. Mariquinha não comia o alimento, apenas bicava o ponto, cacarejava, eles corriam, ela soltava e eles comiam. Após algumas semanas de observação, presenciei um fato notável. Nenhum deles se agasalhava sob as suas asas. Caso insistissem, Mariquinha bicava suas cabeças, com certeza dizendo: "É hora de andarem sozinhos, mamãe já cuidou de vocês. Agora é com vocês e a vida".

Ao se tornarem adultos, Mariquinha ainda convivia em família, mas sempre destacada como a velha matrona. Isso era absolutamente visível. Mas, infelizmente, a vida é assim: "Os que o gato do vizinho não comeu, serviram de assado para nossa família".

Daí em diante, meus olhos voltaram-se, para sempre, para os movimentos dos homens, da natureza e dos animais. Mesmo sem perceber, lá estou eu, observando, refletindo, tomando atitudes, agindo e esperando. Esta tem sido toda a minha vida até hoje, e tudo começou por causa de uma bendita galinha.

Na história de Mariquinha, não podemos explicar pela razão:

- o fato de Mariquinha ter avançado contra o gavião, mesmo sendo ele mais forte e mais feroz do que ela e, ainda assim, vencer a luta;
- o fato de Mariquinha dar comida aos pintinhos, enquanto ainda necessitavam de sua orientação, numa atitude inteligente, sábia e protetora, ainda que, assim que eles cresceram, ela os tenha forçado a caminhar sozinhos, não admitindo dependência, contrariando toda razão e lógica dos pais para com os filhos, conforme dita a nossa tradição;
- o fato de Tinim, o meu pintinho preferido, atender ao meu chamado, de imediato, por entender que eu o denominei Tinim, e saber identificar minha voz, pois, quando chamado por outra pessoa, ele não atendia.

Por muito tempo, perguntei-me: "O que impulsionou Mariquinha, mesmo em desvantagem, a avançar contra o gavião para defender sua ninhada? Que força seria aquela, capaz de fazê-la heroína ou derrotada?".

Essa observação despertou-me para um fato muito importante: todas as criaturas vivas estão em processo de evolução constante, e mesmo os animais inferiores possuem uma *força inata*, que os faz proteger a própria vida e a de seus semelhantes. Pude *observar*, ainda, que Mariquinha, a galinha de minha infância, atendeu, involuntariamente, um apelo dessa força para defender sua ninhada. Naquele momento, eu havia identificado, em mim mesmo, uma capacidade natural do ser: a observação. Observando aqueles movimentos, estimulado pelo carisma da natureza, pude absorver o sincronismo e a harmonia que estão por trás de tudo na vida. A observação ajuda a compreender o que os olhos não veem; o link entre o visível e o invisível. Mariquinha observou, o tempo todo, os movimentos do gavião, percepcionou suas intenções, analisou instintivamente o momento exato de *agir* e, por isso, sobreviveu e garantiu a sobrevivência de sua ninhada.

Aprendi naquele momento que, desde os animais até os homens mais sábios, a sobrevivência depende da observação. *Observar* é a primeira necessidade de todos os seres vivos para que seja possível viver, aprender, evoluir e sobreviver. O *observar* traz infinitos benefícios a quem o pratica. É importante ainda dizer que a *força inata*, ou instinto, da qual falamos acima, causa nos seres um movimento involuntário que faz com que eles busquem a sinergia natural, o que os obriga a trocar experiências e movimentos com o meio para assim assimilá-los. Desse movimento instintivo derivam as outras duas forças mais elaboradas que se combinam entre si nos seres humanos, são elas: a *força de vontade* e a *força interna*. Elas serão as alavancas de apoio a este trabalho, mas dependerão da observação permanente para serem identificadas e, consequentemente, retrabalhadas e acessadas.

CONCLUSÃO:
a observação é o princípio da pedagogia heulosófica[2] em todos os estágios de evolução da vida.

Hoje, já não vence o mais forte. Vence aquele que assimila recursos, observando mais. Sobrevive, assim como na natureza, o mais cuidadoso, o que desenvolve sua capacidade de se conectar, permanentemente, com o seu meio, absorvendo, através dos sentidos, os princípios básicos das leis naturais, criando e desenvolvendo, do nada, tudo que for necessário para a sua sobrevivência.

O ser humano deve recuperar sua capacidade de *observar*.

OBSERVAR é a soma de *prestar atenção* e *percepcionar*, ao mesmo tempo. É como olhar sem ver, ouvir sem escutar, tatear sem tocar; é sentir o perfume do indizível. *Observar* é *percepcionar* a sombra do invisível.

PRESTAR ATENÇÃO é centralizar um ou mais sentidos numa só direção. Como por exemplo, quando estou lendo, recebendo uma informação, uma ordem.

---

2   Pedagogia Heulosófica é um dos pilares da heulosofia, a ciência do autoconhecimento. Aplicada como metodologia na Fundação Eufraten, parte da percepção que a forma de aprendizado, tanto dos animais como dos seres humanos mais inteligentes, é natural.

E *percepcionar*?

PERCEPCIONAR é sintonizar com o que está além dos sentidos. Por exemplo: quando você está captando no invisível a intenção do outro ao falar e *agir*. É o que está além daquilo que meus sentidos físicos captaram. É o *feeling*... é o sentimento de... é algo que...

OBSERVAR é como olhar sem ver, ouvir sem escutar, tatear sem tocar; é sentir o perfume do *indizível*.

Observar é percepcionar a sombra do invisível.

É importante sabermos que tudo que vivenciamos é absorvido e retido em nossa mente (o que estudaremos mais à frente), de forma involuntária. É um mecanismo de absorção que independe da nossa vontade.

Assim como eu, você deve ter vivido situações em que a observação lhe trouxe uma maior compreensão. Mas, com certeza, você também absorveu muito à sua volta, de forma desordenada, inconsciente e sem critério, perdendo o controle de seus pensamentos e de sua mente. O que acontece é que, quando absorvemos sem a observação consciente, o discernimento se esvai e nos tornamos folhas ao vento, um "maria-vai-com-as-outras". É contra a nossa *força interna* (que estudaremos mais à frente) absorver os movimentos da vida, sem questionamento, e tomar atitudes sem *refletir* sobre o que estamos decidindo.

Bem, então podemos concluir que *observar* é o primeiro movimento para a nossa expansão, pois através dele é que começamos a ter consciência e foco em todas as nossas atitudes. Mas, por onde começar a praticar a observação e a mudar nossa vida?

Podemos começar a exercitar, observando:

- o clima do local novo a que estamos chegando;
- o clima do escritório ou de casa quando chegamos;
- como está o temperamento do outro antes de fazer uma crítica ou um elogio;
- como estou naquele dia — minha aparência, minha mente, meus sentimentos;

- as pequenas coisas que nos incomodam profundamente e as grandes coisas que não conseguimos administrar;
- se estamos sendo assertivos ou confusos em nossas ações.

Porém, a pergunta chave é: como eu estou? Este deve ser o nosso primeiro questionamento. A partir dele podemos começar a mudar nossas vidas. Acompanhem a história de Sônia e, enquanto leem, observem a mensagem das entrelinhas.

A desordem mental de Sônia

Caminhava pelas ruas de minha cidade, em um cruzamento de avenidas bastante movimentado, quando à minha frente surgiu a Sônia:
— Olá, Sônia. Como vai?
Bastante triste, como se estivesse carregando um elefante no mindinho, ela respondeu:
— Oi, Paulo! Estou bem e você? — disse ela, quase morrendo e, ao estender minha mão para apertar a dela, ela puxou a mão direita rapidamente.
— Cuidado, Paulo, acabo de implantar mais dois piercings e colar unhas postiças!
Sônia trajava vestido colorido de verde e amarelo, aliás, cores da bandeira do Brasil, retalhado em pedaços de 10 cm x 10 cm. Usava meias pretas de quadrinhos e salto de 15 cm de altura. Seu batom era vermelho vivo e os cílios postiços. Dois brincos em cada orelha e um composé de cores prata e dourado, e vários anéis que carregava em cada um de seus dedos. Seu cabelo era manchado de azul claro, com modestas mechas de castanho.
— Desculpe, Sônia, eu não sabia.
Contraindo-se todinha, ela abriu a boca e vi na ponta de sua língua um "piercing" prateado na lateral, com um detalhe brilhante no centro. Hoje ela estaria moderna, mas, naquela época, era tudo muito estranho.
— Tchau, Paulo. Foi bom te ver...

Não me dando tempo para dizer adeus, ela se virou e rapidamente se afastou, mancando dos pés e encolhendo os ombros de encontro ao pescoço. Sônia, pelos meus cálculos, pesava aproximadamente 70 kg, e media em torno de 1,60 m de altura.

Não que me aborreçam os exageros alheios, mas o caso me interessou.

Pesquisei por semanas para reencontrar Sônia, pois há tempos não a via. Fui muito amigo de seus pais quando ela ainda era uma criança. Nos tempos de infância, Sônia era uma menina quieta, centrada e bem natural. Lembro-me de que, certa vez, seus pais a impediram de namorar um menino do bairro, que se chamava Rhodes e era o galã do pedaço. Sônia se apaixonou por ele e passou anos flertando. Rhodes se casou e Sônia continuou solteira.

Refleti: O que fez com que Sônia se transformasse tanto?

Descobri seu endereço e fui até lá. Sua residência era um apartamento modesto e, ao entrar no recinto, meu espírito de pesquisador fez-me, de pronto, observar cada ponto do local.

Sônia me atendeu pela porta da cozinha. Três vassouras e um rodo faziam o papel de guardiões, no pequeno corredor que dava entrada para a sala. Deixei a cozinha para trás, com oito panelas sobre um fogão de quatro bocas, cuja gordura envelhecida me dava a sensação de abandono. O armário, de portas abertas, mais parecia um cemitério, com panelas sem cabos, travessas rachadas e pratos esparramados, que pareciam fantasmas em comunhão.

O quarto à direita, de janela fechada, apesar de serem 15h, guardava toalhas molhadas e amassadas, misturadas com o lençol, e a cama esperava arrumação. No banheiro, nem entrei...

A sala, com a televisão desligada, era a atração do local. Lá estava o ventilador, fazendo o papel de antena e, ao mesmo tempo, de exaustor. A janela era o varal, e o sofá, a escada móvel. Dois vasos serviam de cinzeiros que, com um cheiro característico e reconhecível, abrigavam coqueiros envelhecidos, de folhas secas e sem esperanças. Sônia, bastante tímida, convidou-me a sair, alegando tempo apertado e muitas tarefas por fazer. Saí de lá bastante impressionado e com muito material para reflexão.

Os primeiros sintomas que aparecem quando deixamos de praticar a auto-observação e estamos saindo do nosso natural são os excessos que cometemos no vestir, no comer e na expressão de nosso comportamento. Assim como Sônia, quando partimos para os excessos, ficamos tão fora do nosso ponto de equilíbrio, que passamos a dar maior importância ao que está fora, escondendo o que está dentro, perdendo assim o nosso referencial — tudo sai de nosso controle. Quando isso acontece, perdemos nossa identidade e, sem parâmetros seguros, começamos a viver por viver, pois perdemos nossos estímulos. A desordem que encontramos no apartamento de Sônia certamente é o reflexo da desordem em que ela se encontrava internamente.

Vamos nos *observar*, olhar no espelho e nos encarar? Vamos buscar o que se esconde atrás de nossa aparência e que sabemos que está lá, mas que fingimos ignorar? Como estão nossos excessos? Como estou me vestindo, alimentando-me, convivendo com meus amigos e familiares? A quantas anda a minha carência? Você poderia perguntar: mas o que carência tem a ver com falta de observação? Tudo! Quer ver?

Vamos definir o que é carência? É tudo aquilo que precisamos e não temos. Certo? Errado. Vou tentar simplificar.

CARÊNCIA é a ausência de tudo aquilo que acreditamos precisar.

Simples, não é? Ou seja, quando deixo de me *observar*, não tenho dados para saber quais são as minhas necessidades reais. Quanto mais longe eu estiver da minha realidade, maior será a minha carência. Daí a importância dessa avaliação, que é o início da observação e um meio de reflexão. Bem, então poderíamos dizer que a carência é uma das filhas da falta de observação? É isso mesmo, é pura questão de observação!

Vamos, então, identificar o "carentão"? É o perfeccionista, o sabe-tudo, o incontestável, o autopiedoso; enfim, é aquele que busca atenção com muita pretensão de ser admirado, cortejado e disputado. Observamos que a maioria dos carentes não tem *senso crítico*, mas possui uma tendência para os extremos (para mais ou para menos). É errado sentir-se carente? Não! O errado é querer buscar no outro aquilo que nos falta, pois isso cria a dependência. É culpar o mundo pelos nossos fracassos e omissões. Entretanto, a carência nos chama a ser importante, notado, evidenciado e respeitado: o que é direito de todos. O movimento provocado pela carência pode nos levar ao crescimento, pois nos estimula a identificações coletivas, ou seja: a imitar, a copiar e a reproduzir, na tentativa de achar o nosso espaço. Entretanto, sem a devida observação e reflexão, vamos inibindo o discernimento e está pronta a fórmula para o desastre pessoal.

É importante você entender que a falta de observação quanto a nossos movimentos e ao meio em que vivemos nos faz cegos e alimenta o comodismo. Acostumamo-nos com tudo como está, inclusive a sujeira, a desordem, o lixo, as coisas quebradas, e esquecemos do que é belo. Como se não bastasse nos acostumarmos com as teias de aranha, os vidros quebrados e o carro sujo, aceitamos o desrespeito, o desprezo e a humilhação, perdendo a nossa dignidade e ganhando, como parceiro inseparável, o ridículo.

RELEMBRANDO:
observar é *prestar atenção* **em tudo, ao mesmo tempo, com todos os pontos conectados em seu raio de ação a 360°, percepcionando além dos sentidos; sempre com interesse sincero de avaliar, comparar, penetrar e distinguir os movimentos da vida, para expandir os sentidos. Algumas pessoas já possuem essa capacidade desenvolvida naturalmente; porém, pode ser ampliada por todos, através da** *força de vontade* **e da "experienciação".**

No caso de Sônia, a falta de auto-observação ou *mirar-se*, até aquele momento, prejudicou somente a ela. Mas, com certeza, logo começará a afetar a vida das pessoas que a ela estão ligadas. Nossa falta de observação pode tornar a vida das pessoas que convivem conosco um inferno.

Para materializar o que pode acontecer nesses casos, vamos conhecer Gisonaldo, que foi meu mestre, sem saber:

Gisonaldo, o perfeccionista

Gisonaldo era um alto executivo de uma grande empresa bioquímica, atualmente com 38 anos. Cabelos muito bem aparados, usava óculos de marca italiana de aro dourado que, com a luz do sol, parecia emitir raios laser em todas as direções, tamanho era o zelo com sua aparência.

— Gisonaldo — perguntei-lhe certa ocasião —, por que você não usa lentes de contato?

Como um tiro de canhão, ele respondeu:

— Dr. Paulo, no cargo que ocupo, é necessário algum defeito. Além de que óculos de aro incomodam muita gente, mas lentes de contato incomodam muito mais.

Gisonaldo era assim: curto e grosso.

Mesa impecável, com três canetas multicores, escrevia com as duas mãos ao mesmo tempo. Impressionante? Você ainda não viu nada!

Sua poltrona era de couro preto e o encosto mais alto que sua cabeça (tinha 1,85 m de altura).

Seus ternos, invariavelmente escuros, camisas azul-claras com listras brancas e gravatas vermelhas, faziam dele o espanador do ano.

Suas gavetas, sempre limpas, passavam-me a impressão de cofres: jamais eram abertas. Duas secretárias faziam parte do coral pessoal do Gisonaldo e, se não cantassem a música dele, era rua na certa. Refinado, fala macia, embora piscasse três vezes por segundo. Carregava em sua pasta executiva de couro de jacaré e forrada de pelica irlandesa apenas talões de cheques, cachimbos e agendas.

Ah! Agendas. Eram quatro agendas, duas carregadas por ele e outras duas com as secretárias, que revezariam com as dele no dia seguinte. Mas tudo isso era nada, em comparação com o sapato de cromo alemão e as meias brancas, que ele usava só em ocasiões especiais e em viagens de negócios. Seu relógio de marca comum, que destoava do conjunto, foi presente do avô em seu aniversário de 1978.

Requintado como um maître francês, parecia estar olhando para a lua o tempo todo. Nariz empinado, queria emitir um sorriso nos lábios, com um palito de dente na boca o tempo todo. Tinha todo o cuidado ao se sentar mas, quando andava, parecia uma mula puxada por um trator.

Sendo seu amigo sincero, um dia lhe perguntei:

— Gisonaldo, como você consegue trabalhar com quatro agendas?

Ele me estendeu os braços, entregou as agendas e me disse:

— Simplesmente pela falta de linhas, tenho que usar as quatro agendas.

Olhando a enorme lista diária, observei dezenas de remarcações de horários, pessoas, lugares, compromissos... muito estranho. Contei todos eles, que totalizavam, nas quatro agendas, em um só dia, 108 compromissos, divididos nas oito horas de trabalho. Fazendo as contas, pude concluir que seriam, em média, 11 compromissos por hora.

Como seu olhar parecia de orgulho profissional, calei-me, mas pensei: "Um dia a casa cai e este dia não está longe".

Esse dia chegou e a casa caiu...

— Gisonaldo, a que horas você almoça?

— Não almoço — respondeu-me.

— A que horas você entra e sai da empresa?

— Entro às 6h30 e saio às 23h, todos os dias.

O mais interessante é que Gisonaldo parecia não ter noção do que dizia, convicto de seu profissionalismo e competência exagerados.

Gisonaldo era, e é, um excelente motorista, apesar das altas velocidades a que era obrigado a dirigir, em virtude de tantos compromissos em lugares diferentes.

Gisonaldo dormiu ao volante, derrapou na pista, caiu na ribanceira, quebrou seis costelas, perfurou o pulmão e ainda sobreviveu, apesar dos ferimentos nas pernas, nos braços e no rosto.

Visitando-o no hospital, fiquei chocado ao ver aquela figura deformada, mas, ainda assim, impetuosa:

— Dr. Paulo, o senhor por aqui? Veio para me visitar ou para acompanhar o meu funeral?

— Uma coisa de cada vez, meu amigo — respondi. — Primeiro vim visitá-lo, mas, se você for um homem de muita sorte, como eu sei que você é, logo em seguida irei ao seu funeral.

A pose de Gisonaldo era impecável. Sua vaidade profissional era inatingível, apesar de absolutamente imóvel. A propósito, eu o visitei dez dias seguidos e pude observar que ninguém o visitou; nem mesmo a mulher ou os filhos.

Fui ao seu gabinete buscar o pagamento dos meus honorários e, qual foi minha surpresa, ele não estava pronto, apesar da data, valor e pré-aviso de uma semana. Perguntei a uma de suas secretárias o que havia ocorrido e ela, chorando, desabafou:

— Há muito tempo o Dr. Gisonaldo perdeu o controle de tudo. Suas brigas com fornecedores e clientes passaram do limite. Remarcações sobre remarcações, compromissos adiados, reuniões postergadas. Tudo aqui saiu do controle. Ninguém mais sabia o que pagar ou receber. Quando tentávamos dizer que a equipe precisava de gente, ele dizia: "Se for preciso, dormiremos todos no escritório. Nossos contratos e contatos são confidenciais."

— Mas não estava tudo marcado, ordenado? — perguntei.

— Não — disse-me uma delas. — Já não entendíamos mais as anotações, as prioridades se perderam e tudo virou um caos.

— Tudo só ficava no papel, só no papel — disse-me a outra, desolada. — Dr. Gisonaldo não se lembrava de mais nada. Perdemo-nos nas anotações e o desespero tomou conta de todos nós. Porém, ai daquela ou daquele que resolvesse alterar os procedimentos. Gisonaldo não ouvia mais ninguém, nem mesmo sua força interna lhe dizendo: "Pare, Gisonaldo, Pare!".

Bem, a herança de Gisonaldo, após dois anos do acidente, apesar de todo o seu esforço foi:

* *desemprego;*
* *perda da família — mulher e filhos deixaram-no por intransigência de Gisonaldo, que, não suportando a carga, preferiu ficar sozinho.*

Moral da história: "É assim mesmo — hoje sou pavão, amanhã serei espanador..."

História interessante, não? Posso apostar que você não conhece ninguém assim!

Como pudemos ver, a vida de Gisonaldo, por falta de auto-observação, ou *mirar-se* e de observação da realidade à sua volta, transformou-se em um carro desgovernado, que rodou na pista molhada. Infelizmente, não teve como parar, mesmo a vida dando-lhe sinais evidentes de que as coisas sairiam do controle.

Então, ainda podemos concluir que *observar* é penetrar em nossos movimentos continuadamente, buscando o equilíbrio em nossas atitudes.

Observar é expandir nossos sentidos de forma consciente. Não precisa dar nenhuma ordem, apenas dirigir a *força de vontade* para o alvo. Você já está pronto para eliminar, naturalmente, aquilo que não lhe serve mais.

Por quê?

Porque sua atmosfera mental está cheia, sobrecarregada de informações desnecessárias e perdendo a capacidade de discernimento; porém, a sua *força interna*, que é o produto final, o néctar, o sumo de todo aprendizado daquilo que está de acordo com as leis naturais da vida, já sabe o que tem que ser feito e o faz. Apenas observe conscientemente. Preste atenção em todos os detalhes. Resumindo: *observar* é conectar a 360º o seu universo, coletando dados através dos sentidos e da percepção (aquilo que eu sinto). Não desista, mesmo que no começo seja um pouco difícil. A dificuldade é pura falta de hábito. São mais de cinquenta anos de experiência e treinamento buscando alternativas, e ainda não descobri nada melhor do que esta regra básica para recomeçar a viver: *observar*. *Observar* sempre, pois é através da observação que identificamos nossos focos de problemas.

Gisonaldo tinha dois inimigos, perfeitamente camuflados e infiltrados em sua vida, sob o disfarce da dignidade e da eficácia. Sabe quem são eles? O orgulho e a vaidade. Esses dois inimigos da humanidade, acreditem, treinados pelo serviço secreto da nossa mente, são alguns dos grandes responsáveis pela nossa infelicidade e pelas nossas limitações. São irmãos inseparáveis e filhos preferidos da ausência de *senso crítico*. Identificá-los requer observação e a disposição de enfrentarmos o nosso "lado obscuro", desconhecido, que nos causa medo e insegurança. Mas, se quisermos vencer essa batalha, devemos reaprender a *observar* e a reconhecê-los.

Gisonaldo se considerava um homem digno e eficaz, mas, na verdade, revestia-se de orgulho e vaidade.

Entre o orgulho e a dignidade existe uma linha tênue, porém são posturas completamente diferentes e opostas. Vamos falar um pouco mais sobre eles.

O orgulho é uma mentira para dissimular o poder inexistente e é motivado por:

- querer o poder a qualquer custo;
- ignorância das consequências;
- imaturidade;
- incompetência;
- insegurança;
- ociosidade;
- descompromisso.

Segundo tenho observado todos esses anos, o orgulho tem como pano de fundo a carência, que traz a insegurança, a qual, por sua vez, é gerada pela distância entre o que realmente sei e aquilo que penso que sei. Na maioria das vezes, os orgulhosos são pessoas mais teóricas do que práticas. Jamais suportam ser questionadas ou colocadas em dúvida e, quando isso acontece, geralmente se tornam arrogantes e pretensiosas.

Já a dignidade, cuja postura pode se confundir com a do orgulho, é uma segurança interna. Nada pode tirá-la de você; é uma conquista. A pessoa digna jamais se curva diante da farsa, da mentira e da corrupção. Nunca faz conchavos ou acordos prejudiciais ao todo ou si mesma. É sempre serena e segura. Ela não tem medo do tempo.

Poderemos *observar* dois homens diante de uma mesma situação, com posturas de orgulho e dignidade que podem ser aparentemente idênticas, mas são absolutamente diferentes, pois as motivações são opostas. Dignidade é uma postura interna de quem conhece o seu limite e respeita o limite do outro.

O orgulhoso jamais recua diante das evidências, persistindo no seu ponto de vista e é, na maioria das vezes, apenas um "carentão", mais querendo chamar a atenção do que sendo um safado agindo de má-fé, que, se não consegue convencer, irrita-se e sente-se humilhado.

O digno reflete, recua e continua em frente com altivez, sem se sentir humilhado ou mesmo derrotado. É, na maioria das vezes, um aprendiz dos movimentos da vida e desenvolve *senso crítico*; se não consegue convencer, acalma-se, reconhece que não chegou a hora e espera com serenidade o tempo passar.

Já a vaidade, irmã querida do orgulho, pode ser confundida com a preservação da vida — que é uma postura de preservar seus próprios valores e conceitos: "Tudo me é permitido, mas nem tudo me é lícito". Andar limpo e asseado, respeitando as normas do teto que nos acolhe, é sempre recomendável. Mas, daí a ser escravo de nossos excessos, caprichos e modismos, é pura carência. Buscando sempre a simplicidade no vestir, no falar e no *agir*, agiremos com coerência e consolidaremos a autopreservação. Ninguém precisa cometer nenhum tipo de excesso para ser quem é.

Então, podemos chegar à conclusão de que, pela falta da auto-observação, mergulhado em sua vaidade e orgulho, Gisonaldo foi perdendo o foco de sua vida, ou seja, de sua *visão sensorial*. E o mesmo pode estar acontecendo conosco, não só em função desses fatores, mas de muitos outros que fazem parte de nossa vida e que vão incapacitando a nossa visão, em maior ou menor escala. Por exemplo: pais que superprotegem os filhos, concedendo-lhes privilégios o tempo todo; consumismo exagerado; excesso de perfumes e adornos, e assim por diante. Como podemos mudar essa situação? Simples: exercitando o primeiro movimento: *observar*.

A primeira conquista pelo exercício da observação é a ampliação do nosso campo de *visão sensorial*. A *visão sensorial* é filha legítima do *observar*. E o que significa ampliar esse campo?

Ampliar o campo de *visão sensorial* significa que os seus sentidos captarão mais recursos para a sua atmosfera mental. A nossa visão será mais exata e aprenderemos a simplificar a vida, dando outras dimensões e importância para todas as coisas. Por exemplo: o verde será mais verde, o céu será mais azul.

Quer ver?

Imagine-se dentro de um carro em um dia de chuva, vidros fechados e embaçados, óculos escuros, todos fumando e comendo frango frito, cada um usando um perfume diferente, numa estrada de pista única, descendo a serra do mar, à noite, em um final de semana prolongado. Hoje, estamos exatamente assim; além da insegurança ao dirigir nossa vida, temos uma visão das coisas que é mínima e enganosa.

O campo de *visão sensorial* ampliado possibilita que você enxergue de forma clara e límpida. É você num carro, em dia de sol, vidros abertos, olhos nus, proibido de fumar, copo d'água e uma pera, pista dupla, segunda-feira de manhã; ou seja, com o campo de *visão sensorial* ampliado seremos menos influenciáveis ao meio, desenvolvendo nossos próprios critérios e valores, pois a natureza será o nosso padrão. Observando a ordem natural da vida, mesmo as coisas simples e pequenas, entenderemos as coisas grandes e complexas. Tudo parte do simples para o complicado. Vamos reaprender com o simples e o resto, então, será mais fácil.

RESUMINDO:
***visão sensorial* é a ampliação dos nossos cinco sentidos para ver as coisas além de seus limites.**

Ampliando nossa *visão sensorial*, desenvolveremos habilidades que vão disciplinar e organizar, naturalmente, nossas vidas. São elas:

- memória conectiva;
- percepção inteligente;
- equilíbrio e moderação nas atitudes e necessidades;
- universalidade nas ideias.

É importante para nosso estudo conhecer um pouco de cada uma delas.

MEMÓRIA CONECTIVA

É a capacidade de encontrar, nos dados da lembrança,
as conexões necessárias para o momento criativo e de fazer
links criativos e inesperados.

A falta de *memória conectiva* tem sido o fracasso de indivíduos, bem como de pais de família e grandes executivos no mundo.
Difere de lembrar. E o que é lembrar?

**LEMBRE-SE:
é a capacidade de acionar os dados armazenados na minha mente, que foram captados pelos meus cinco sentidos. É ter na lembrança fatos, histórias, números, acontecimentos etc.**

Ter *memória conectiva* é relacionar dados importantes entre si, formando uma cadeia de informações precisas, sem necessidade de anotações, pois é simplesmente impossível escrever e anotar as conexões de tudo o que necessitamos e nos rodeia, pela força do imprevisto e do inesperado.

A prática da observação desenvolverá a *memória conectiva*, relacionando todos os detalhes, até os mínimos. Você será uma pessoa mais segura de si, pois haverá um elemento mágico dentro de você fazendo aquilo que ninguém fará em seu lugar.

A agenda é importante? Sim, para anotar compromissos e horários, facilitar negócios e obrigações. Mas, quantas dezenas e centenas de coisas ocorrem num só instante, à sua volta, que não dá para escrever? Objetos depositados em lugares de que você não se lembra, colocados em qualquer canto, pela nossa falta de disciplina?

A *memória conectiva* faz automaticamente o serviço de agenda e arquivo de peças e lugares, lugares e tempo, evitando situações constrangedoras, tais como:

- quem é esta pessoa?
- onde está a chave do carro?

- onde coloquei os documentos?
- com quem falei sobre isso?
- o que falei com essa ou aquela pessoa?
- como foi que aconteceu?
- como é que essa pessoa se chama mesmo?
- qual o número do telefone?
- quanto eu te devo?
- você já me pagou?
- você já me devolveu o livro?

Pode não parecer, mas são coisas simples dessa natureza que levam as pessoas ao fracasso pessoal e profissional, pois criam em torno delas um clima de insegurança e desconfiança. Rapidez e precisão nas respostas, hoje, fazem uma grande diferença.

A *memória conectiva* associa a sua vida com fatos, lugares, tempo e espaço, com relação a como as coisas aconteceram; ela disciplina, com critério absoluto, o próximo passo. É ágil e eficaz. Vou exemplificar: você já viu como funciona um ímã? Ele não atrai para si os materiais ferrosos de diversas formas, tamanhos e composição que estão dentro do seu campo de ação? É mais ou mesmo isso. Quando você escuta uma determinada palavra, uma pergunta ou vê um pequeno movimento, instantaneamente a sua mente faz uma varredura, checa ponto por ponto, universaliza as ideias e todas informações e pendências referentes àquele assunto surgem como um passe de mágica. É uma conquista pessoal que se torna, com o tempo, um movimento natural. A *memória conectiva* tem sido uma dádiva em minha vida pessoal e profissional. Quem convive comigo que o diga!

Efeitos:
- clareza mental;
- eficácia;
- credibilidade;
- autoconfiança;
- espontaneidade.

PERCEPÇÃO INTELIGENTE

É uma maneira de interpretar a natureza de todas as coisas, quando, sem evidências materiais e racionais, eu compreendo e aceito como realidade as coisas que não posso materializar.

É uma ação conclusiva além da razão. É estudar o passado, viver o presente e perceber o futuro.

Existem fatos na natureza de todas as coisas que estão além da explicação racional e lógica e que podem ser usados para fazer uma interpretação dos acontecimentos de nossas vidas. Chamarei essa interpretação da natureza de *percepção inteligente*.

É como se uma inspiração me conduzisse a entender um fato evidenciado além dos cinco sentidos, mas que a razão não entende.

Não basta enxergar, ouvir, cheirar, tatear e degustar. Existe uma faculdade que as criaturas humanas precisam desenvolver e que é inerente ao ser: a *percepção inteligente*.

Nem sempre que olhamos, enxergamos; da mesma forma, nem sempre que ouvimos, escutamos e identificamos. Nossa *percepção inteligente* está adormecida e ela age no invisível das coisas, no campo vibracional, a que nossos sentidos comuns não têm acesso. A *percepção inteligente* precisa ser mais ouvida e seguida. Por exemplo: estamos conversando com alguém e esse alguém possui fluência verbal, argumentos lógicos e racionais, que nos envolvem para que sejamos convencidos a fazer algo. De repente, soa um alarme que nos coloca imediatamente em alerta, porque captamos a intenção oculta do nosso interlocutor, pois, mesmo que todos os componentes apresentados estejam fazendo sentido, ainda falta algo naquela pessoa que não podemos identificar. O alarme é a nossa *percepção inteligente* em ação. É quando temos de tomar uma decisão, como assinar um contrato, aparentemente muito importante e vantajoso para nossa vida, e, de repente, "bate uma luz" e resolvemos desistir dele. Foi a *percepção inteligente* que conectou, processou e concluiu os dados e, no futuro, perceberemos que, se tivéssemos assinado aquele contrato, teríamos transformado nossa vida num verdadeiro fiasco.

Efeitos:
- ter mais elementos para avaliar e tomar decisões, antecipadamente, nas várias situações da vida;
- tomar decisões mais universalistas ou globalizadas;
- identificar o campo das ideias de quem fala, através de sua irradiação vibracional;
- perceber, enfim, a verdadeira intenção das pessoas, e ir além das palavras simplesmente faladas (o que há por trás delas), facilitando a nossa vida com nossos filhos, cônjuges e colegas de trabalho;
- antecipar os acontecimentos imprevistos.

EQUILÍBRIO E MODERAÇÃO NAS ATITUDES E NECESSIDADES

É o movimento harmonioso entre o que precisamos e o que queremos.

Observando, aprenderemos com os animais e com os movimentos naturais da vida — tais como a chuva, o sol, o frio, o calor — que tudo na natureza é equilibrado e econômico. Por exemplo: os animais matam para a preservação da vida, sem desperdício.

Na natureza, todo ser vivo tem sua função e coexiste em harmonia. Assim, podemos concluir que existe um *equilíbrio natural* que sustenta e coordena todos esses movimentos; sempre que o desrespeitamos, acabamos criando distúrbios que poderiam ter sido evitados, se tivéssemos praticado a observação. Sabe aquele copo na talha, quando não percebemos que a torneira está pingando e só nos damos conta desse fato quando escorregamos na poça de água que se formou quando o copo transbordou? Depois, olhamos a poça e nos perguntamos: de onde vem essa água? Como isso aconteceu? Foi de gota em gota.

Assim também acontece conosco. Comemos demais, bebemos demais, nos irritamos demais, falamos o que não precisamos, abusamos do sexo e cometemos pequenos excessos que vão saturando a nossa atmosfera mental.

Daí, certa manhã, minha mãe, ou minha esposa, ou meu filho, na maior boa intenção, fala para mim: "Bom dia! Você não penteou o cabelo hoje?". Pronto, é a gota d'água que vai transbordar o copo da minha mente e eu me transformarei em um cego num tiroteio: dando tiros para todos os lados.

Com a *observação*, naturalmente, reeducaremos nossos sentidos e necessidades. Com essa prática, conquistaremos, de forma espontânea, equilíbrio e moderação quanto às nossas necessidades. Você ficará mais atento aos seus movimentos e aprenderá a fazer somente o necessário.

Efeitos:
- maior segurança interna;
- controle dos impulsos desordenados;
- habilidade de evitar o evitável, com noções do inevitável;
- sabedoria para eliminar o supérfluo;
- vestir-se equilibradamente;
- moderação do apetite.

UNIVERSALIDADE DAS IDEIAS

É a ampliação da razão e da lógica para o entendimento dos fatos, aumentando nossa percepção da realidade.

Com a observação, desenvolvemos a visão universal de todas as coisas, o que nos possibilita sair do nosso casulo mental, tornando-nos seres mais livres, espontâneos, desarmados contra tudo e todos, mais seguros, mais certos do que precisa ser feito, falado e posto em prática.

Quando descobrirmos que todas as coisas caminham para um todo uno, que fazemos parte desse todo e que não estamos sozinhos, tornaremos nossos ideais e atitudes globalizados, eliminando nossas carências.

Nossas atitudes, ideias e pensamentos vão funcionar além dos sentidos, como uma pedra atirada em uma lagoa de águas calmas e perenes, repercutindo em ondas de longa distância. Seremos abertos a novas oportunidades; portanto, observe, ouça, enxergue: abra sua cabeça!

Efeitos:

- nossas ações serão mais abrangentes;
- ampliação dos nossos pensamentos no universo material e imaterial;
- ideias mais amplas e universalistas;
- participação em um universo maior e melhor das energias sutis;
- inspiração ampliada encontrando soluções para as dificuldades, facilitando a nossa vida no dia a dia;
- saneamento das nossas carências;
- *criatividade* no mundo das artes.

Como vimos, a observação traz benefícios que podem aumentar em muito a nossa produtividade. Vimos também que todos nós temos essa capacidade e o que precisamos é potencializá-la. Então, como fazer isso?

Vamos lá!

MECANISMO PARA AMPLIAR A OBSERVAÇÃO

Para ampliarmos a nossa observação, precisamos de um elemento básico: a *força de vontade*.

Se você leu o nosso livro até aqui e, por felicidade, conseguimos estimulá-lo, acredito que tenhamos ativado em você a força de vontade. E o que é isso?

FORÇA DE VONTADE é o poder de ação do querer, projetando o ser para o movimento.

Ela deriva da *força inata* (ou instinto, para muitos estudiosos), levando ao desenvolvimento de mecanismos para a obtenção de resultados.

A força de vontade é o instrumento que utilizamos para movimentar nossas energias; ela depende de estímulos externos. Ela tende a materializar em ações nossas ideias. Vamos falar um pouco sobre ela.

Quando temos que vencer um limite, uma dificuldade — como, por exemplo: ficar acordado, aprender uma lição, fazer uma obrigação, conseguir uma vaga na faculdade, um aumento de salário, um novo amor, um desafio no emprego, uma casa nova etc. — estamos exercitando nossa *força de vontade*.

A *força de vontade* é o instrumento do *agir* que, derivada da *força inata*, ou instinto, desenvolve em nós mecanismos para conseguirmos nossos objetivos ou seguirmos nossos ideais, além de potencializar nossa *iniciativa própria*. A *força de vontade,* aliada à inteligência, torna-se um grande instrumento, pois encontra mecanismos para a obtenção de resultados.

Ela é um impulso comandado pelo apelo do querer, das necessidades mentais e de sobrevivência; sua direção depende de nossas inclinações e pode também ser movida pela vaidade e orgulho. Esse impulso é alavancado por dois elementos muito presentes em nossas vidas: o poder e o prazer, que são as fontes principais de nossos estímulos externos. É importante falarmos um pouco sobre esses elementos, já que são dois fatores que impulsionam a capacidade de realização do ser.

O chamado poder, de qualquer natureza, pode levar o homem ao redemoinho das emoções descontroladas e, consequentemente, criar situações e ilusões que vão tirá-lo de seu ponto de equilíbrio. O verdadeiro poder não é ser além do que você é ou ter mais do que você tem. Poder é, conhecendo seus limites, ser dono do seu próprio espaço. Observe os animais. Eles querem defender seu próprio território. Os homens ainda querem tomar conta do território que não é seu, mas sim dos outros. O verdadeiro poder do homem civilizado e futurista é:

- buscar a segurança interna;
- ter coragem de recomeçar sempre;
- *saber esperar* com serenidade;
- dominar suas paixões.

É importante reforçar que essas conquistas são frutos da *força de vontade*, educada e dirigida para despertar a *força interna*, que nos movimentará de dentro para fora e não mais de fora para dentro.

E o prazer?

Atualmente, o prazer está na busca da satisfação temporal para preencher uma necessidade "carencial". Entretanto, o prazer, embora temporário e externo, pode ser o início da realização interna e duradoura no futuro. É um exercício para a serenidade. O prazer sem limites é um desastre que, mais cedo ou mais tarde, obrigará você a se educar.

O que difere o prazer efêmero do prazer duradouro?

PRAZER DURADOURO é a temperança, o juízo e a consciência de cada atitude e ação.

Como começar a transformação? Sendo comedido na alimentação, fazendo amor com quem temos afinidade e compromisso, tomando vinho em boas companhias e tendo amizades construtivas. São esses danados de prazeres que diferem as criaturas entre si e as fazem alavancar o mundo para a "maioridade". É a primeira semente do sucesso. O prazer é o começo de tudo, mas está muito longe do fim.

LEMBRE-SE:
a força de vontade é cega e não pode medir as consequências futuras, razão pela qual os homens que a possuem, mas de forma deseducada, quando chegam ao seu objetivo, não sabem o que fazer com ele; perdem-se e tudo desmorona. Pode trazer a liderança, mas nem sempre o comando (o que veremos mais à frente).

Destruição e calamidade também podem ser resultado da *força de vontade* utilizada por mentes tendenciosas. Embora ela seja neutra, é sempre direcionada pelos interesses de quem a utiliza. Imagine a *força de vontade* que Hitler teve para chegar aonde chegou e fazer o que fez. O contrário também é verdadeiro. Quando utilizada como alavanca para a *força interna*, agindo para o bem do todo, ela traz a realização e o sucesso, levando o ser a evoluir rápida e vertiginosamente, aproveitando o máximo de todo o seu potencial. Pense em Mahatma Gandhi.

A *força de vontade* pode ser sufocada ou inibida por repressões, decepções, comodismo, doenças, falta de estímulos ou de motivação. Ela só é percebida através dos efeitos dos nossos movimentos externos, ou seja, só é vista e notada através de resultados evidentes.

Vamos a outros exemplos, pois a nossa meta é que você aprenda a identificá-la. Quer ver?

Muitas pessoas precisam emagrecer, pois estão acima do peso, porque comem demais o que não deviam. Estamos falando aqui dos compulsivos, os populares "esfomeados", aqueles que comem tudo o que veem pela frente. Pois bem, estimo que 30% das pessoas acima do peso estão assim por questões de saúde; o restante, ou seja, 70%, estão gordas, mas, se fizessem um regime, como fechar a boca e parar de engolir, perderiam o excesso de peso rapidamente. Se você acha que está entre os 30%, consulte um médico para certificar-se de que não lhe falta, na verdade, somente *senso crítico*.

Então, podemos concluir que a grande maioria come compulsivamente, sem fome ou apetite. E por que não param de comer? Falta *força de vontade*. Sabemos o que nos prejudica e o que nos auxilia e, no entanto, não reagimos; por quê? Falta *força de vontade*.

Fazer exercícios naquela academia que eu não vou, aprender a dirigir o carro que eu não tenho, ir à casa da mamãe para a qual eu nunca tenho tempo. Sabe o que é isso? Falta de força de vontade.

Vamos fazer um teste para ver a quantas anda a nossa *força de vontade*? Quando você estiver com fome e comendo o seu prato preferido, tente parar na metade; ou, então, escolha o doce que você mais gosta, aquele que, só de pensar, sua boca já se enche de água, e tente dar apenas uma mordida e parar por aí; ou ainda, ofereça o último pedaço do seu lanche para quem estiver do seu lado. Mesmo se você se sentir prejudicado com essas ações, já seria um bom começo.

Se, nas duas situações, você conseguir se controlar facilmente e sem muito sofrimento, parabéns: *sua força de vontade* está em alta. Aliás, prepare-se, pois você precisará dela.

Quando você está enfrentando um grande problema e suas qualificações técnicas ou vivenciais estão um bagaço, a *força de vontade* é a ferramenta que você tem para superar seus limites e encontrar soluções inteligentes e conhecidas, saídas que você já possui, devido à sua experiência de vida; ou seja, trata-se de recorrer ao universo de coisas que você já domina. Ela é acionada a qualquer tempo para entrar em ação, quando você estiver motivado ou estimulado, sempre de fora para dentro. **Repito: sempre de fora para dentro.** Ela pode trazer a disciplina e o sucesso; é individual, podendo ser contida, educada, redirecionada; e seu nível de ação varia na exata proporção da condição evolutiva de quem a utiliza.

CONCLUSÃO:
força de vontade é o poder de ação do querer,
projetando o ser para o movimento externo.

Pois bem, depois de conhecermos um pouco mais sobre a *força de vontade*, agora é a hora de utilizá-la, ampliando a nossa capacidade de *percepcionar* a sombra do invisível, ou seja, a nossa capacidade de *observar*. É o *start* da nossa expansão como um todo.

Vou ensiná-lo agora dois exercícios para ampliar a sua capacidade de observação.

EXERCÍCIO 1
Durante 15 minutos, diariamente:

1º *Fixe os olhos em um ponto.*
2º *Sem tirar os olhos do ponto em que os fixou, amplie o seu campo de ação, coletando tudo que esteja no seu campo de visão.*
3º *Preste atenção nos sons e ruídos à sua volta.*
4º *Preste atenção nos cheiros: perfumes e odores.*
5º *Preste atenção na temperatura: se está frio, quente ou agradável.*
6º *Preste atenção em seu próprio hálito, sabores.*
7º *Agora faça tudo ao mesmo tempo e observe os efeitos da ação conjunta em seus sentidos.*

EXERCÍCIO 2

Olhe agora à sua volta e preste atenção em tudo o que puder, detalhe por detalhe. Observe por 10 segundos. Feche os olhos por aproximadamente 1 minuto e tente lembrar do que você viu, ouviu e sentiu.

Esse exercício deve ser repetido doze vezes, todos dos dias, em qualquer lugar e a qualquer hora: no ônibus, no parque; enfim, em qualquer circunstância. Lembre-se: 10 segundos com os olhos abertos e 1 minuto com os olhos fechados.

RESULTADOS

Após 15 dias, aproximadamente, da prática destes exercícios, você começará a perceber coisas que antes passavam despercebidas. Nossos sentidos captarão sons, ruídos, odores, temperaturas, detalhes e coisas antes desconhecidas ou imperceptíveis — desde um elefante até uma formiga.

A continuidade desses exercícios trará a você a *memória conectiva* e todos os outros benefícios aqui apresentados. Se você ainda não conseguiu, continue tentando, você está perto.

É importante saber que o *querer* progredir na *observação*, pela *força de vontade* estimulada, vai iniciar um processo de ignição interna, preparando-o para o segundo movimento — o *refletir*.

CONCLUSÃO:
observar **é um "monte de prestar atenção" acontecendo, simultaneamente, no visível e no invisível, a partir da ação da força de vontade.**

Com o tempo, outros sentidos mais refinados, que derivam dos cinco sentidos primários, começarão a captar a intenção alheia, o sentido oculto atrás das palavras escritas ou faladas, e a antecipar eventos. E isso nos evitará muitos problemas. Estes outros sentidos facilitam a nossa vida, pois vivemos em uma época em que o que mais importa e interessa é o que está por trás de todas as coisas, o invisível, aquilo que a gente não vê; e não exatamente o que está na frente de nossos olhos. É realmente muito simples!

LEMBRE-SE:
não é necessário forçar: "Eu quero *observar*"; não é assim que funciona. Não é necessário gritar para você mesmo, em pensamento. Apenas feche os olhos suavemente e diga: "Eu quero". Apenas isso e, com o tempo, a natureza fará o resto.

Posso afirmar que, com a *força de vontade* estimulada, você vai desenvolver a disciplina para pôr em prática os exercícios propostos de 12 a 18 vezes por dia. Fácil? Então faça! Parece brincadeira, não é? Faça e verá os resultados. Acredite, com o desenvolvimento deste exercício, você vai *percepcionar* muito mais do que viu nos 10 segundos, inclusive detalhes que você não tinha percebido nem com os olhos abertos o tempo todo. E não se assuste se, entre um ponto e outro, surgirem ideias brilhantes. É só o começo. Comigo foi assim. É incrível e fantástico o mundo da *observação*. Ela facilitará sua vida, evitando a cegueira de quem não quer enxergar — digo, *observar*.

É importante lembrar que a *força de vontade* deve sempre, sem esforço, estar sob controle e vigilância da auto-observação; é importante praticá-la em nossas atitudes e pensamentos, despertando finalmente a grande heroína de nossa história: a nossa *força interna*.

Releia agora os seguintes pontos: *Memória Conectiva*, *Percepção Inteligente*, Equilíbrio e Moderação nas Atitudes e Necessidades e Universalidade nas Ideias.

O *observar*, como pudemos verificar, começa por nós mesmos e, percepcionando o mundo, nossa vida começa a se tornar mais produtiva. Vendo as coisas com mais amplitude e eficácia, nosso próximo movimento será quebrar os nossos condicionamentos, através do *refletir*. Mas, antes dele, quero apresentar-lhes um grupo de amigos, que inspiraram a minha jornada.

... A história do mestre Goh e o encontro dos 5 sábios

Nosso grupo de cinco jovens estava feliz como criança peralta. Estávamos diante de um homem notável. Sua presença era simples, mas parecia um rei. Sua coroa não era de ouro, mas sim de luz.

Mestre Goh, com 80 anos, viveu no Ocidente até os seus 60 anos. Frequentou universidades em vários países do mundo. Seus cabelos brancos, os poucos que tinha, davam-lhe a serenidade necessária para que acreditássemos em suas palavras. Seus olhos azuis não o deixavam ser confundido com os mestres do Himalaia, com quem havia convivido durante grande parte de sua vida. Pequeno, jamais soubemos de onde vinha tanta força e energia. Sua respiração lenta, em qualquer circunstância, parecia uma voz silenciosa, ecoando na atmosfera. Mestre Goh era como o vento no deserto, surgia quando menos se esperava. Seu silêncio contínuo garantia nossa meditação; porém, quando falava, sua voz macia e firme parecia o ronronar de um leopardo, acariciando a fêmea no acasalamento. Era estranho: jamais o vi dar sequer um riso exagerado. Mantinha a calma, parecia sorrir o tempo todo. Certa vez, atravessávamos o Himalaia, na fronteira entre a China e a Índia, quando seu olhar seguro nos impediu de continuar e, como a fixar os olhos no firmamento, deixou escapar um gesto de menino surpreso, cobrindo os olhos com a palma da mão direita, sussurrando em meus ouvidos:

— Hannã, estamos atravessando um portal de luz.

Eu, que nada havia observado, respondi-lhe:

— Mestre Goh, nada constatei, nada senti, nada observei.

E pela expressão e movimento das bocas dos outros integrantes do grupo, pude ver que eles também nada perceberam.

— Guneh — *mestre Goh chamou o tailandês da turma.* — Observe os raios de sol que caem no firmamento.

Senti ciúmes, por que Guneh e não eu? Ele é tão cego como eu.

— Hannã — *surpreendeu-me Goh, captando meus pensamentos* —, a cegueira vem da ignorância do saber de que somos capazes.

Tentando esconder minha surpresa, disfarcei:

— *Mestre Goh, se todos somos capazes, como sair da cegueira e adquirir a sabedoria?*

— *Muito simples, Hannã* — *aproximei-me de Mestre Goh, como um urso de um favo de mel, acompanhado por todos os outros* —, *o primeiro movimento é o observar.*

— *Como assim?* — *indaguei.*

— *Observe a vida animal. A primeira lição que os animais selvagens aprendem, para garantir a sobrevivência, é observar a tudo; caso contrário, não viverão por muito tempo.*

— *Observar com os olhos?* — *indaguei.*

— *Os olhos são ferramentas de auxílio, mas o cego de visão aprende, logo de início, que o observar é que vai dar a ele a capacidade de sobrevivência. Portanto, Hannã, observar é expandir sua capacidade de captar, pela sua simples vontade, todos os movimentos das coisas visíveis e invisíveis que estão à sua volta.*

— *E como fazer isso, Mestre Goh?*

— *Apenas queira, pela sua força de vontade, e você dará início a um processo de movimentação das energias contidas em você.*

— *Pela força do querer, a minha vontade me dará poderes?*

— *Sim e não. A vontade impulsiona e cria mecanismos, mas não faz por você. Ela provoca movimentos; entretanto, fora de controle é um desastre. A força de vontade é cega e você a dirige para onde quiser, quando quiser e para o que quiser.*

— *Como evitar que a força de vontade seja um desastre?*

— *Deixando sua força interna ressurgir. Use sua força de vontade para fazer a sua força interna retomar o comando de sua vida.*

— *Como posso fazer isso, Mestre Goh?*

— *Concentre sua força de vontade em seus sentidos e o resto será fácil.*

— *Meus sentidos?*

— *O homem tem que redirecionar seus sentidos para dentro e não para fora, reeducando suas sensações e desejos de forma equilibrada.*

— *E como fazer para identificar a força de vontade e a força interna?* — *redargui.*

— *O segredo está em reaprender a observar, refletir, tomar atitude, agir e saber esperar. É um processo contínuo e natural. E entenda por natural, Hannã, tudo aquilo que está de acordo com as leis da natureza, que são eternas: mais cedo ou mais tarde, os homens terão de reaprendê-las e vivê-las.*

— *Como?* — mais uma vez indaguei.

— *Observando, Hannã, quando você age pela mente e quando você age pelo espírito. Do primeiro modo, você atende aos apelos dos desejos e aos impulsos do poder e do prazer temporal. Do segundo modo, age espontaneamente pelo poder e pelo prazer de amar e servir com consciência e sabedoria para o bem do todo; é ação permanente, buscando muito além do tempo e do espaço na luz da eternidade. Sua força interna está pronta dentro de você. É só começar...*

— *O que fazer? E como começar?*

— *Já lhe disse. Use sua força de vontade para reeducar os seus sentidos, seus impulsos e seus excessos. O resto é questão de tempo.*

— *Mas, como?* — insisti.

— *Hannã, apenas queira com humildade e com verdadeira vontade. Tudo está pronto dentro de você.*

— *Qual o primeiro passo, Mestre Goh?*

— *Observar...*

— *E o que é observar, Mestre Goh?*

— *Ouça, Hannã, com os ouvidos da sua alma: observar é percepcionar a sombra do invisível. É ir além do limite de enxergar. É penetrar nos elementos naturais e sentir o perfume da vida, interiorizar-se, estar presente consigo mesmo!*

Observar é sentir, além dos sentidos, a essência da natureza.

Observar é captar no semblante alheio suas verdadeiras intenções.

Observar é penetrar o impalpável com os olhos da alma, percepcionar a sombra do invisível, captar o vento da intenção, sentir o perfume do imanifesto.

Observar é ler o poema que não se vê; é buscar o espírito na alma dos pensamentos e encontrar, no éter, a harmonia da natureza, começo, meio e fim.

Observar pela força da vontade é despertar pela força do amor.

— Mestre Goh, como posso fazê-lo? — insisti, ainda querendo uma fórmula mágica.

— É como amar, comer e coçar: é só começar e descobrir por si mesmo. É tão simples e fácil que esquecemos no tempo e no espaço. Comece, Hannã, apenas comece...

— Mas... Mestre... Como?

— Reflita, Hannã, reflita... — asseverou Mestre Goh.

E seguimos pela floresta...

CAPÍTULO II
SEGUNDO MOVIMENTO: REFLETIR

É encontrar entre duas ou mais opções,
no mundo das ideias,
a luz da sabedoria.
É abrir um leque de soluções.

Refletir é buscar o que está oculto atrás da dúvida, daquilo que ainda não sabemos, ou sabemos e não queremos aceitar. É deixar fluir a *força interna* de forma natural; é deixar acontecer. Fazer o que tem que ser feito pois, sempre, sabemos o que é. É, ou não é? É trazer à tona, pôr para fora o que nos incomoda e encontrar soluções reais e definitivas para cada caso, mesmo que isso demore mais tempo do que você imaginava. Para refletir, basta mergulhar em si e *observar*. É um infraolhar, *isto é, trata-se de prestar atenção para dentro de si mesmo, observando todos os pontos com poder de reflexão, o que permite uma análise real e verdadeira daquilo que tem que ser feito.*

A reflexão é um mecanismo de conexão e expansão da *força interna*. Então, para entender melhor o refletir, é muito importante conhecer a *força interna*.

Como vimos, a *força de vontade* é acionada pelos estímulos externos, positivos ou negativos, ou seja, é um exercício de fora para dentro. Pois bem, no segundo movimento, o *refletir*, vamos acionar a *força interna*. É um exercício de dentro para dentro, ou seja, vamos elaborar as informações que os sentidos coletaram, usando como fonte principal todo o nosso potencial produtivo a que chamamos de *força interna*; portanto, agora, a *força de vontade* ficará descansando.

FORÇA INTERNA é toda a potencialidade produtiva contida no ser.

É o resumo de nossas conquistas universais e nosso conteúdo interno das verdades eternas; é a cartografia universal do manifesto que ficará conosco para sempre.

A *força interna* não é pensamento, assim como a *força de vontade* também não o é. A *força interna* é como uma voz calada, um movimento silencioso que sabe exatamente o que tem que ser feito e nunca erra. Ela é o produto de suas experiências consolidadas, cujos efeitos saem pelos olhos, pelas mãos, pelos ouvidos; enfim, por você como um todo. É como se fosse uma luz acesa permanentemente; nunca se apaga. Nada a sufoca e ninguém a inibe e somente você, por desconhecer o fato, poderá ignorá-la e deixar de utilizá-la. Quando desperta, ela pode ser e é percepcionada por todos, mesmo que você não o queira. Ela movimenta o éter, criando ondas de vibrações espontâneas, atingindo o visível e o invisível; é uma luz interior que se manifesta naturalmente, sem esforço; uma vez acesa, jamais se apaga, tornando-se um oceano de sabedoria, transbordando em ação.

A *força interna* é algo imperceptível, impalpável e sutil; é o próprio ser em expansão. Poderíamos dizer que é o espelho da alma, a luz do espírito.

Quando encontramos alguém com a *força interna* desperta, jamais o esquecemos, mesmo que esse alguém não pronuncie uma só palavra. Ela não age no campo das ideias e tampouco dos pensamentos; aciona as consciências e age sempre para o bem de todos, jamais para o benefício pessoal. Quem a tem desperta, irradia um halo de luz permanente e exala um perfume protetor e duradouro, espalha segurança, confiança e união. Tudo a sua volta tende à unidade, traz a paz e a esperança "extra-percepcional", que não é captada pelos sentidos comuns. Aqueles que a possuem em atividade vivem o tempo todo em um movimento interno, coeso e unificado. Não vivem na busca, pois já a encontraram. Não estão; já são. Variando de Alfa a Ômega, quem já a possui desperta não teme o futuro, nem o passado, nem o presente. Na certeza que vive, não tem rancor, ódio ou mágoa de ninguém. É ela que oferece a força necessária para vencer os reveses da vida, superando todos os medos e sofrimentos.

Para entendermos melhor a *força interna*, vamos fazer uma analogia. Imaginem uma lâmpada; o bocal, a pera de vidro, os fios elétricos e a eletricidade formam os elementos que, agregados, simbolizam o patrimônio da lâmpada. Esse patrimônio resulta em um produto final, que chamamos de luz.

Assim é no ser humano: a inteligência, a arte, a justiça, a resistência física, o amor, a coragem e a renúncia são os elementos que, agregados, formam o nosso patrimônio interno. A luz da sabedoria na utilização desse patrimônio resultaria em um produto a que chamaremos *força interna*.

A nossa *força interna* é proporcional ao resumo de todas as nossas ações para o bem do todo. É o sumo de todas as nossas virtudes armazenadas em nossa consciência. Jamais deixa você solitário, ainda que, às vezes, você fique sozinho. Quem possui a *força interna* em ação — aliás, todos a possuem mais ou menos desenvolvida —, compreende a todos. Não existe temor, insegurança ou dúvida; sabem o que têm que fazer e fazem. Têm o poder de transformar o seu meio; estão sempre dispostos a transmitir seus conhecimentos e a defender os mais fracos.

A *força interna* é como um raio de sol através do vão do telhado, que, apesar de pequena fresta, ilumina e mostra a direção da luz. É uma busca eterna, pois não tem limites, ainda que a autorrealização seja um de seus pontos principais. A fonte que a alimenta é a imanência da consciência de quem a possui.

A *força interna* é, em essência, um toque do amor expandido que se manifesta, naturalmente, em serenidade e paz. É uma atmosfera viva e contínua que independe de tudo, de todos, inclusive da própria *força de vontade* que, muitas vezes, já se esgotou em virtude do cansaço, da desmotivação ou das decepções da vida.

Incontáveis vezes, na minha vida, quando tudo parecia perdido e sem solução, ela, como uma luz perene e tranquila, me mostrava a saída que, nem mesmo por um milagre, eu teria encontrado. E quer saber o mais interessante? Não era nos momentos de reflexão, meditação ou analogia que eu conseguia identificá-la. Pelo contrário, era nos momentos de exaustão, quando meu corpo estava combalido de cansaço, minha mente esgotada, sem *força de vontade* para nada, na desmotivação total — nesses momentos é que ela surja. Era nessa hora que a *força interna* assumia o comando e realizava, por mim, o que tinha que ser realizado. Hoje, depois de centenas de experiências idênticas, posso dizer, com certeza, que a *força interna* é um "animus" que faz acontecer, apesar da minha *força de vontade*. Ela faz parte de mim, de você, de todos nós. É como uma *autopropulsão* que nos obriga a *agir* com precisão absoluta. Ela nunca erra, independente da nossa vontade.

A força interna faz a conexão entre o que você é e como você está; faz o link entre o que você já conquistou e o que você tem que realizar.

Usar essa força é como colocar o avião no piloto automático: depois de alcançar a altitude necessária para fazer uma viagem tranquila, atravessando as nuvens, tempestades, raios e trovões, levará você ao seu destino em absoluta segurança. Ela é a expansão da *força inata* para que o homem possa descobrir-se e conquistar, por si mesmo, a liberdade. É um prêmio, é o troféu da consciência. É o licor da sabedoria plena.

Bem, então vamos recapitular: a *força inata*, ou instintiva, é uma espécie de inteligência amadurecida, aprendida, que, mesmo sem reflexão, todas as criaturas têm sem saber. Impulsionados pela *força inata*, ou instinto, desenvolvemos a força de vontade, que por sua vez é movida pela força do verdadeiro querer. A força de vontade alavancada ou estimulada pelo poder ou pelo prazer cria movimentos espontâneos e com eles adquiro experiências de vida. O resultado desses movimentos armazenados forma, com o passar do tempo, um oceano de sabedoria de onde retiro todo o meu conhecimento, minhas conquistas e meu sucesso. Esse oceano de sabedoria eu chamo de *força interna*. Força interna é o filtro onde todas as virtudes e os verdadeiros conhecimentos do universo estão armazenados eternamente. Como da uva o vinho, a *força interna* é o sumo do que já conquistamos.

Você possui esta força. Você tem *força interna* e não sabe. Ela está num cantinho, quieta, dentro de você; é só deixá-la manifestar-se.

Desperte sua *força interna* e terá um guia seguro para sempre em sua vida.

Agora que já nos familiarizamos com a *força interna*, você vai entender por que na prática do segundo movimento você vai usá-la.

Como vimos, *refletir* é abrir um leque de soluções e escolher a mais apropriada, tendo como base nossas habilidades; pois já temos dados armazenados para realizar essa escolha, o que nos possibilitará encontrar as soluções para as nossas dúvidas. Quando refletimos, rastreamos em nosso oceano de sabedoria (*força interna*) tudo aquilo de que precisamos para ter sucesso e ser verdadeiramente felizes. Infelizmente, não temos o hábito de refletir, e é por isso que a nossa vida começa a ir pelo ralo.

Nestes anos de observação, aprendi que alguns sintomas nos indicam a necessidade de *refletir* e tomarmos consciência da nossa realidade interna:

- mau cheiro no pé (chulé);
- caspa;
- frieira;
- insônia;
- pesadelos;
- falta de vontade para a rotina de cada dia;
- suores que desodorantes não conseguem acalmar;
- visitas noturnas à geladeira;
- comer exageradamente ou fora de hora;
- comer porcarias (é, porcarias mesmo);
- esquecimento precoce;
- falta de tesão;
- irritabilidade constante;
- desinteresse por assuntos importantes;
- gritar com filhos, cachorros etc.;
- cair da cama;
- bater portas e janelas;
- desejo de voar, pulando do prédio ou do avião;
- emagrecimento exagerado;

- falta de apetite;
- desejo de enriquecimento ilícito;
- deslealdade;
- querer levar vantagem em tudo.

Você pode pensar que eu estou brincando ou exagerando, mas, acredite, não estou.

Os sintomas acima descritos apontam que já estamos saturados internamente e que os excessos já estão vazando e materializando-se através de atitudes, comportamentos e alterações metabólicas.

Observamos que, quando não refletimos, as emoções tomam conta de nossas ações com maior facilidade, tornando-as atitudes impulsivas, precipitadas. É a inconveniência a serviço do desastre. Quem reflete age com firmeza e com *emotivação*, que é diferente de *emoção*. Vamos ver?

Primeiro, vamos definir o que é *emoção*.

EMOÇÃO é a carga vibracional, armazenada no nosso campo mental e que se manifesta, impulsivamente, por estímulos externos.

EMOTIVAÇÃO é a *emoção* envolvida com a razão, a serviço do nosso crescimento e que se manifesta de forma controlada e direcionada.

E a diferença entre uma pessoa *emocionada* e uma *emotivada*?

EMOCIONADA é a pessoa tomada por ação descontrolada.

EMOTIVADA é a pessoa que se utiliza das ações emocionais para sanear, organizar, transformar e educar. É a energia dirigida para pôr o trem nos trilhos.

Nosso objetivo não é fazer aqui uma apoteose da psicologia. Nosso negócio é a prática. Certo? Então, vamos fazer agora uma vivência para melhor compreender o *refletir*.

LEIA COM ATENÇÃO E PRATIQUE:

Sente-se numa posição confortável; não se deite. Nosso objetivo não é relaxar, e sim exercitar a observação e reflexão.

Feche os olhos, inspire fundo e retenha o ar em seus pulmões, até o seu limite, e depois expire lentamente. Repita esse exercício por três vezes. Depois, ainda com os olhos fechados, observe os seus pensamentos, como se você fosse um telespectador, assistindo a um programa de televisão. Assim como você não é um programa da televisão, descubra que você não é os seus pensamentos e tente neutralizá-los. Faça esse exercício por alguns minutos.

Você observou que seus pensamentos estão em todas as direções, como ventania de tempestade? Identificamos uma ou mais das situações abaixo que podem ocorrer durante esse exercício:

- lembranças de um passado longínquo;
- situações mal resolvidas;
- figuras e cenas desconhecidas do nosso consciente;
- sonhos inimagináveis de realizações futuras;
- paisagens já vistas e esquecidas;
- sentimentos de raiva e remorsos;
- ira, medo e insegurança;
- o nosso inconformismo pelas coisas que gostaríamos de ter feito e não fizemos;
- situações a que fomos conduzidos por nossa omissão. Silêncio conveniente para agradar, ganhar e acomodar.

Se você não conseguiu *observar* alguma das situações acima ou algo semelhante a elas, tente novamente. Você precisa começar a identificar a sua mente, que é seu armazém de pensamentos e ideias.

**IMPORTANTE:
com a prática da reflexão, você descobrirá os mecanismos da parada de ondas de pensamento através da meditação.**

Observou que, neste ato de refletir, tudo o que o incomodou saiu de dentro de você, como um vômito involuntário? Sabe o que provocou isso? É a sua *força interna*, chamando você para a realidade que precisa compreender. Tudo isso como se fosse uma brasa quente de chateação por nossa omissão, falta de ação, por ter dito o que não devia na hora errada etc.

Pudemos *observar*, ainda, que, de repente, tudo se confundiu outra vez e, imediatamente, acobertamos a nossa realidade interior; é o nosso mundo mental sufocando a nossa *força interna*. É como um mergulho na piscina: você abre um espaço, afunda, e o espaço que foi aberto é preenchido pela água outra vez.

É importante dizer que essa prática — o *refletir* — se desenvolverá rapidamente; e sabe por quê? Porque você já tem recursos dentro de si, eles já estão aí. Essa é a causa de seu desconforto. São os dois polos, debatendo-se aí dentro: o problema e a solução — faço ou não faço? Vou ou não vou? Falo ou não falo? Quero ou não quero?

Bem, a solução já existe e você sabe qual é. Mas, e o desconforto? Só nos incomoda aquilo que não aceitamos. E é esse o motivo de nosso mal-estar: a omissão daquilo que tem que ser feito e simplesmente não fazemos, porque estamos presos às ilusões que criamos e alimentamos por longos anos. O problema está na cara! Mas não se preocupe, a *força interna* criará condições para a solução vencer essa briga. Ao *observar* e *refletir*, você saberá a hora, o local, a quem e como fazer a coisa certa.

Então podemos concluir que:

REFLETIR é tomar consciência da realidade que está oculta.

Vamos materializar: abra um esguicho em um copo d'água sujo. Olhe o rebuliço que ocorre em seu interior. Agora, fazendo uma analogia: o copo d'água é a mente; a sujeira simboliza a tempestade, a confusão mental. O esguicho é o *refletir*. Vem tudo para fora, limpou. Pode beber que a água está limpa. O copo está pronto para ser reutilizado.

No universo, existe dualidade: baixo–alto, gordo–magro, fino–grosso, homem–mulher. A reflexão é o ponto de equilíbrio entre os opostos, em qualquer situação: pessoal, familiar, profissional, e mesmo nos negócios, no clube etc.

Deixe a solução sair de você. Apenas aprenda a encarar as coisas com realismo, respeitando seus limites, que já vêm sendo desrespeitados há muito tempo, e tudo vai acontecer.

Refletiu, destapou, vazou, saiu a solução!

Descubra que o *refletir*, como quase tudo em nossa vida, é uma questão de treinamento, de convergir nossas energias e redirecioná-las para a reeducação de nossa postura e modo de viver. É, simplesmente, um exercício.

A falta de reflexão transforma a nossa vida num emaranhado de emoções e conflitos, na maioria das vezes desnecessários, desgastando a energia que poderia estar sendo usada para nos tornar pessoas mais felizes e produtivas.

Um dos principais sintomas da falta de reflexão é a inconveniência. Sem reflexão nos tornamos inconvenientes e chatos; é uma situação incômoda tanto para o inconveniente quanto para a vítima da inconveniência. Você quer saber o que é ser inconveniente, aquilo que faz as pessoas afastaram-se de você? Pois bem, vamos conhecer a história de Dona Bronzina, caso verdadeiro e comum em nossos dias, lembrando que a inconveniência é o passo anterior da falta de discernimento.

Sra. "Deixa que eu faço"

Quinze anos atrás, estávamos todos na Fundação, instituição na qual ainda presto serviços como voluntário, em meio à nossa Assembleia Geral, quando, presidindo uma reunião com aproximadamente 25 pessoas, indaguei:

— Pessoal, precisamos de uma pessoa para realizar nossos pagamentos de água, luz, telefone e fornecedores.

Uma voz entusiasmadíssima ressoou:

— Deixa que eu faço.

— Anota aí, Mitie, o nome e a responsabilidade dessa senhora — disse eu.

— Precisamos também de alguém que faça os bolos, as tortas e o suco, às sextas-feiras, para a nossa Feira Hippie, além de montar a barraca, aos sábados, lá na praça central.

— Deixa que eu faço — ecoou a mesma voz.

— Nossos banheiros precisam ser higienizados três vezes por semana: às terças-feiras, quintas-feiras e aos sábados.

Mais uma vez, ouvimos a voz da senhora:

— Deixa que eu limpo.

— Anota aí, Mitie. — E continuei: — Nossas crianças precisam de cadernos e lápis, sendo necessário que se faça uma campanha para arrecadação e... — Sem que eu pudesse terminar:

— Deixa que eu faço.

Todo mundo parou, olhando-nos uns aos outros, surpresos ao ver tamanha força de vontade.

Continuei:

— Precisamos de alguém que suba nas árvores mais altas de nosso sítio para apanhar, nas pontas, os galhos secos, espantar as abelhas do campo e pisar nos formigueiros...

Mais uma vez:

— Deixa que eu...

Não precisou terminar. Caímos todos na gargalhada. Foi simplesmente impossível terminar a Assembleia. Tivemos que interromper a reunião para o cafezinho.

Gostaria de saber como terminou a história?

Chamei-a, discretamente:

— Dona Bronzina, agradecemos seu esforço e boa vontade; entretanto, se tudo o que a senhora falou for verdade, nossa Fundação deixará de ser uma comunidade e passará a ter a senhora como unidade.

Ela entendeu, agradeceu-me e assumiu a responsabilidade de passar a manteiga nos pães para as crianças, todos os sábados à tarde das 13h às 15h. Ela me acompanha até hoje na Fundação e somos grandes amigos.

Todas as pessoas "entupidas" de omissão e carência afetiva podem ser inconvenientes. Por quê?

Porque não existe espaço dentro delas para a ação acertada, desde a coisa mais simples até as mais complicadas. Vamos saber a receita do desastre? Anote aí!

RECEITA DO DESASTRE

Ingredientes
- 13 xícaras de carência;
- 3 xícaras de impulsividade;
- 8 xícaras de omissão;
- 3 colheres de revolta;
- 1 pitada do fermento da vaidade.

Modo de preparar

Unte uma fôrma com indisciplina, despeje a massa e leve ao forno da preguiça para assar por alguns anos e está pronto o bolo da solidão. Agora chame os seus convidados, que, com certeza, serão: o vizinho da arrogância, o filho da maldade, o pai da deslealdade e os sobrinhos: orgulho e prepotência, além da tia intriga.

Todos os presentes cantando "parabéns pra você", e prepare-se porque, no final da festa, toda a sujeira e desordem serão por sua conta.

A falta de reflexão aniquila o nosso discernimento e é o que leva as pessoas a serem tachadas de burras, chatas, inconvenientes e desajustadas, como na história da "Sra. Deixa que eu faço". Falar em momento errado, de forma errada, para a pessoa errada: até o certo fica errado. Podemos ser simples, desatualizados, mas não inconvenientes e desagradáveis.

Querer ser importante é um direito de todos. E significa que estamos prontos para assumir maiores compromissos com a vida e maiores responsabilidades no meio em que vivemos.

Querer aparecer significa:

— Estou aqui. Ninguém me viu?
— Quero ser importante. Ninguém percebeu?
— Deixa que eu faço.
— Eu resolvo.

É a Lei da vida, que exige dos seres que aprendam mais; mas só se aprende mais atritando. O que é atritar em nosso conceito?

ATRITAR é causar um movimento positivo ou negativo que resulta em experiências no meio em que ele ocorre.

Positivo ou negativo, todos sairão correndo atrás do lucro. O que não deve existir é omissão; isso, jamais!

Como observamos na história da "Sra. Deixa que eu faço", não basta a *força de vontade*, temos que ser convenientes. Como? Desenvolvendo o nosso *senso crítico*, que é o pai do discernimento. Primeiramente, vamos definir o que é discernimento.

DISCERNIMENTO é a habilidade de determinar o equilíbrio perfeito entre situações e movimentos opostos e inesperados.

O discernimento é um dos frutos saborosos da *força interna*. É proporcional ao resultado das experiências realmente adquiridas durante a nossa vida. Portanto, discernir é saber o momento certo de colocar a linha na agulha, comer rapadura ou fugir de um leopardo; ou seja: fazer a coisa certa na hora certa, na intensidade certa, para a pessoa certa. Ele se desenvolve através do *senso crítico*, que é o exercício de avançar e recuar o tempo todo.

Somos um poço de experiências acumuladas à espera de um movimento do mundo exterior que, atingindo um dos nossos sentidos, vai detonar um impulso e materializar-se. Quer ver?

Eu estava embaixo do rancho, olhando as árvores de nossa chácara. Nosso pomar tem de tudo: laranjeiras, abacateiros, mangueiras etc. Meus pensamentos e ideias estavam bem longe dali, quando, de repente, um pica-pau lindíssimo aterrissou em um dos caquizeiros, bicando deliciosamente um dos frutos. Observando-o, levantei do banco em que estava sentado, fui ao encontro do caquizeiro e colhi um caqui, devorando-o rapidamente. Só então percebi que não estava com fome, que não tinha vontade de comer o fruto. Fiz aquilo apenas para imitar o pássaro bicando o caqui, e, comendo-o, pude perceber uma coisa: são esses mínimos movimentos sem reflexão que conduzem o homem ao caos. De gotas se faz o oceano, de folhas se tem a sombra, de grãos de areia se forma o deserto, de células é construído o homem e, de pequenas atitudes imitativas, você pode chegar à loucura. De pensamentos inconscientes e invisíveis, você chega às ideias; das ideias, você obtém conceitos. Os conceitos sem reflexão podem se tornar condicionamentos.

Esse processo de formação dos condicionamentos acontece em nossa mente. Falaremos sobre ele mais adiante. Vamos entender, agora, como funciona o nosso campo mental, fonte primária da perda do discernimento.

Observe a chaleira de água fervendo sobre o seu fogão. O vapor desprendido está a caminho das nuvens. Agora, observe as nuvens. São de várias camadas e densidades. Com a evaporação das chaleiras, rios e outros recursos líquidos, as nuvens na atmosfera vão se tornando densas e pesadas, até que caem em forma de chuviscos, chuvas, tempestades e outros fenômenos naturais. Nossa mente é assim. É um campo vivo de energia, como se fosse a própria atmosfera terrestre. Nossos sentidos, visíveis e invisíveis, absorvem os acontecimentos à nossa volta. Esses acontecimentos formam os elementos naturais e básicos para o ponto de saturação, em nossa atmosfera mental, assim como a água em evaporação.

Os pensamentos, as ideias e os conceitos são as nuvens condensadas nessa atmosfera, que podem precipitar-se em forma de irritabilidade, euforia, ansiedade, impulsividade, pânico, insegurança, ansiedade, risos e histeria, tal como os chuviscos, chuvas, tempestades, trombas d'água. Com o passar do tempo e sem o devido *observar e refletir*, nossa mente se torna turva e confusa, a *força de vontade* se esvaece, inibindo cada vez mais a manifestação da *força interna* e o *discernimento* vai para o saco! Vamos agora a algumas noções gerais do campo mental.

CAMPO MENTAL

O que é campo mental?

É o armazém dos nossos pensamentos, ideias, condicionamentos, tradições, dogmas e emoções, que nada mais são que pensamentos condensados numa só plataforma na sua mente.

Tudo o que é captado pelos cinco sentidos, bem como mensagens subliminares e extrassensoriais é registrado nele. Esses registros é que formam a nossa personalidade humana. O campo mental é invisível aos nossos cinco sentidos, mas é visível aos sensitivos e pode ser percepcionado por todos, incluindo você e eu.

Temos realizado em nossos workshops vivências que demonstram as vibrações e a força dos diversos campos da mente. Os resultados têm sido bastante positivos e servido para tornar palpável a existência das nossas vibrações mentais invisíveis aos nossos olhos nus. As pessoas, após essas vivências, têm modificado suas atitudes e posturas de vida. Muitas delas desenvolveram a sua capacidade de *observar e refletir* e, posteriormente, a de meditar, transformando-se em pessoas mais equilibradas e produtivas.

Mas, como ele funciona?

As nossas experiências vão se organizando neste campo através de um mecanismo natural e involuntário de associação. Isto é, experiências semelhantes atraem-se e se organizam num mesmo núcleo. Vamos, então, formando nossos elos de condicionamentos, de conhecimento, de aptidões e de emoções, tais como: os medos, as raivas, as inseguranças, os acordos, os apegos, os momentos de felicidade e alegria etc.

Vamos montando uma rede de experiências envolvida pelas nossas emoções, estimuladas, atualmente, pelo excesso de informações, em sua maioria desnecessárias; inclui-se aqui a poluição visual e sonora que apela sempre ao poder e ao prazer. Os pensamentos se confundem, as ideias se atrapalham, nosso discernimento desaparece e tudo vira desordem. Nossos elos mentais, então, tomam conta de nossa vida. A raiva, a armação, a bisbilhotagem e o remorso viram moscas em nossa sopa!

Como sair de tudo isso? Utilizando, mais do que nunca, a nossa capacidade seletiva, através do *observar consciente* e do *refletir*. Apresentarei a seguir uma representação ilustrativa e didática do campo mental.

Cada figura em torno dos personagens nos quadros a seguir representará uma ideia, um conceito, uma experiência ou um objetivo planejados em algum momento de sua vida; ou, ainda, o estado em que se encontra mentalmente. Representam comportamentos condicionados, isto é, repetitivos e sem reflexão, de pessoas que não se observam e foram vivendo sem avaliação interna durante anos.

Para cada figura no quadro a seguir, colocaremos um número de referência para identificar nossos comentários.

1. Esse nosso amigo é um executivo que acabou de perder o emprego e nem faz ideia do porquê — **Falta de senso crítico**.

2. Sente-se a pessoa mais injustiçada e incompreendida do mundo. Os seus medos, diante das pressões da vida, tomaram proporções que nem ele mesmo imaginava, mas, em vez de *observar* e *refletir* sobre o que estava acontecendo, continuou sua vida, sem dar importância ao que lhe acontecia, e agora está totalmente perdido — **Autopiedade**.

3. Observem a figurinha de um executivo bem-sucedido. Sem dúvida alguma, podemos concluir que era o que ele planejava para o seu futuro, no início de sua brilhante carreira — **Ideal de vida**.

4. Porém, sua ansiedade e falta de discernimento levaram-no a querer fazer várias coisas ao mesmo tempo — **Desorganização interna**.

5. Perdido na burocracia, não conseguiu ampliar seus horizontes e criar saídas alternativas para os problemas. Fazer tudo ao mesmo tempo, sem planejamento e prioridades, levou-o a perder o controle de suas responsabilidades — **Falta de criatividade**.

6. Em todos os momentos, seu chefe, uma pessoa desequilibrada, perdia a cabeça e despejava, na incompetência de nosso amigo, todas as suas frustrações e desarranjos emocionais. Inseguro, o nosso personagem foi guardando dentro de si, além de seus próprios limites e conflitos, as cargas emocionais que seu chefe foi colocando para fora — **Omissão**.

7. Gostaria de enfrentar a tudo e a todos. Ser valente e herói — **Sem Iniciativa Própria**.

8. Ao mesmo tempo, fugir da civilização e de todos os problemas — **Omissão**.

9. Nesses momentos de conflitos diários, nosso amigo queria se enfiar dentro de uma lata de lixo, criando, em torno de si mesmo, um clima de instabilidade e descontentamento profundos. Sem parar para *observar* e *refletir* sobre o que estava acontecendo, nosso

personagem vai, dia após dia, desestruturando e sobrecarregando sua mente, formando elos de culpa — e, consequentemente, frustrações — que o conduzirão a enfermidades.

10. Mantinha sua rotina da mesma forma, apesar das frequentes noites sem dormir, em que sua cama parecia uma caldeira. Sua mente ora pensava desordenadamente, numa rapidez incontrolável, ora caía num vácuo profundo, sem ação — **Omissão e covardia conscientes**.

11. Pessoa de bom coração, que, devido aos constantes desgastes no trabalho, não quer ter conflitos em casa e, como resultado, perde seu espaço e o respeito da família por causa de sua omissão. Como sabemos, a omissão nos leva à falta de discernimento que, consequentemente, nos traz a insegurança e o medo. Querendo ser amado, está ficando cada vez mais solitário e explorado por todos; o resultado é a perda da dignidade — **Medo**.

12. Agora não adianta lamentar, é preciso trabalhar e utilizar nossos **5 Movimentos do Autoconhecimento**.

A saída para nosso amigo é:

1º- OBSERVAR seu estado mental, para identificar seus pontos fracos e fortes. Lembre-se, ele vem desrespeitando seus limites há vários anos e, agora, será necessário fazer uma revisão interna em todos os seus valores.

2º- REFLETIR sobre qual seria a melhor saída, analisando todas as situações e definindo o que deve ser feito em cada uma delas, no momento certo.

3º- TOMAR ATITUDE apesar das dificuldades iniciais, é preciso começar a romper seus limites internos. Sua desorganização e omissão estão destruindo a sua vida e a de outras pessoas. É necessário romper seus condicionamentos de ouvir e atender, passivamente, a todos. Começar a colocar ordem e prioridades em sua vida, organizando-se. *Tomar atitude* de mudar, doa a quem doer, e não recuar jamais. Lembre-se: *tomar atitude* é uma decisão interna e uma conscientização; trata-se de uma preparação para o *agir*.

4º- AGIR é o momento em que se deve colocar em ação suas decisões internas, como:

- organizar sua vida profissional. Acabar com pendências e diminuir sua incompetência, readquirindo autoconfiança, sanando conflitos, ativando sua *iniciativa própria*;
- atualizar-se, não dando mais motivos para seu chefe criticá-lo o tempo todo e, nesse caso, poderá não aceitar mais os desaforos do chefe, que lhe dará mais respeito ou perderá um bom funcionário. Resgate da dignidade;
- fazer uma avaliação, com sua esposa e filhos, para estabelecer limites para todos, não se esquecendo jamais que o seu exemplo e posturas farão uma grande diferença.

5º- SABER ESPERAR é dar continuidade ao seu novo padrão de comportamento, mesmo com todas as dificuldades e contrariedades. O tempo mostrará os resultados de sua mudança.

Agora vamos, juntos, *observar* e *refletir* sobre o estado mental do próximo personagem. Nesse campo mental, podemos *observar* uma pessoa mergulhada em sua rotina diária, sem nenhuma reflexão. Ela está a ponto de ter um colapso nervoso: ou muda as suas atitudes ou poderá, em um futuro breve, ser vítima de uma depressão.

1. Característica principal: **desorganização**.
2. Está sempre correndo atrás do lucro. Sua mente está sob autopressão — ela nunca sabe onde vai estourar a sua incompetência — **Indisciplina**.

3. Carrega o mundo nas costas para ter as pessoas perto de si; atitude que aumenta, ainda mais, sua desorganização interna — **Carência**.
4. Seu maior inimigo: o tempo. Em vez de planejar-se e usar o tempo a seu favor, está sempre brigando contra ele. Desgaste sem resultado — **Incompetência**.
5. Gosta muito de dançar e cantar com os amigos, porém falta-lhe tempo e energia para fazê-lo; sem reciclar suas energias, fica cada vez mais irritada — **Frustração**.
6. Como consequência, explode nos momentos mais inoportunos. Desperta culpa e pena das pessoas que a rodeiam — **Autopiedade**.
7. Após uma grande explosão tem sempre uma nova ideia, porém desconexa — **Impulsividade por desordem mental**.
8. Perde-se no "tarefismo" e na sua desorganização e não consegue sair do lugar — **Falta de atitude e de criatividade**.
9. Teve uma grande decepção amorosa — **Frustração**.
10. Agora se mantém presa ao trabalho — **Autopunição**.
11. Tem medo de machucar-se de novo — **Omissão, insegurança e medo**.
12. Sente-se muito bem com a natureza. É cuidadosa e econômica, tem boa postura ecológica — **Bem-intencionada**.
13. Dentro da sua mente, o caos. É só tempestade e desespero — **Angústia**.
14. Sem saber o que fazer, está insegura e quer fugir de tudo, pois, aonde ela vai, sua mente vai atrás — **Omissão**.
15. Sinal vermelho para a nossa amiga — **Depressão à vista**.

Pergunta-se: apesar de tudo, há remédio?

Resposta: Sim, praticar os *5 Movimentos do Autoconhecimento*. Exercite, com base nesta figura, a aplicação dos *5 Movimentos* por você mesmo.

Como pudemos *observar*, nossos problemas começam em nossos pensamentos desajustados que sobrecarregam a mente. Para isso, vamos agora entender como se forma a cadeia dos condicionamentos.

FORMAÇÃO DOS CONDICIONAMENTOS MENTAIS

O que são condicionamentos?

Condicionamentos são atitudes repetitivas ou ideias cristalizadas pelo tempo, que se manifestam de maneira irrefletida e padronizada, inibindo a criatividade do homem.

E como eles se formam?

CICLO DE FORMAÇÃO DOS CONDICIONAMENTOS

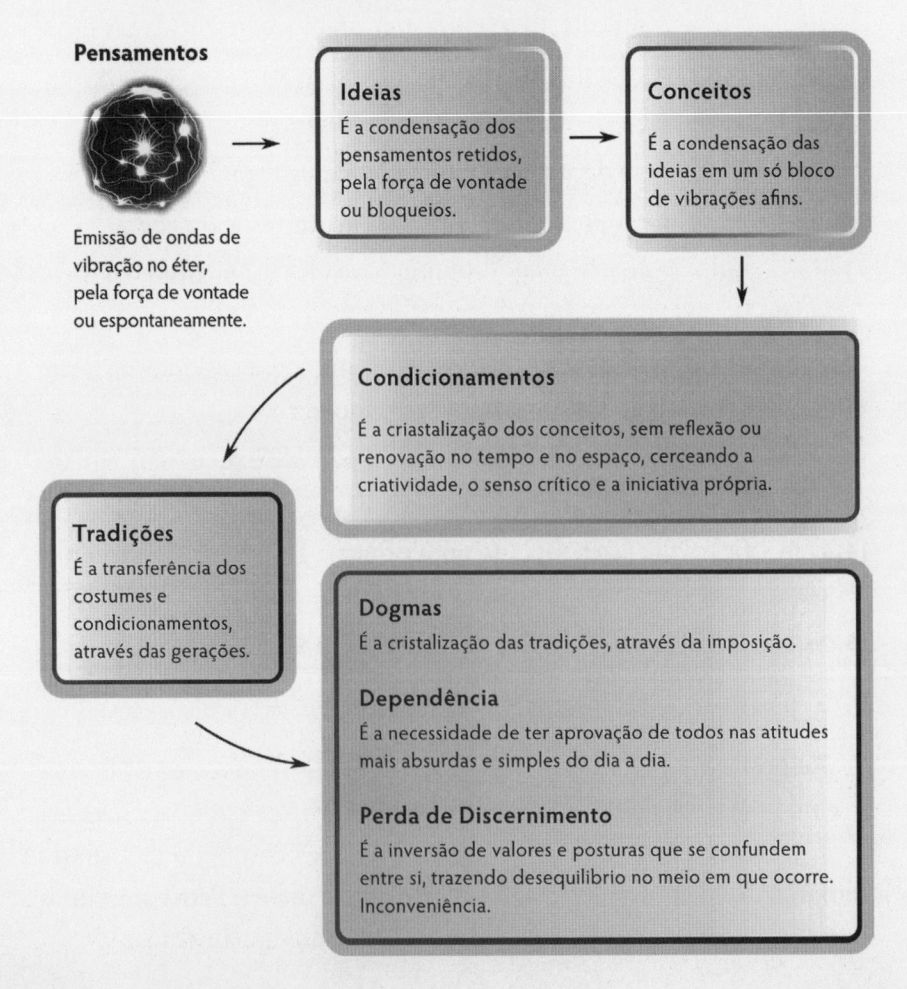

Pensamentos

Emissão de ondas de vibração no éter, pela força de vontade ou espontaneamente.

→ **Ideias**
É a condensação dos pensamentos retidos, pela força de vontade ou bloqueios.

→ **Conceitos**
É a condensação das ideias em um só bloco de vibrações afins.

↓

Condicionamentos
É a criastalização dos conceitos, sem reflexão ou renovação no tempo e no espaço, cerceando a criatividade, o senso crítico e a iniciativa própria.

Tradições
É a transferência dos costumes e condicionamentos, através das gerações.

Dogmas
É a cristalização das tradições, através da imposição.

Dependência
É a necessidade de ter aprovação de todos nas atitudes mais absurdas e simples do dia a dia.

Perda de Discernimento
É a inversão de valores e posturas que se confundem entre si, trazendo desequilíbrio no meio em que ocorre. Inconveniência.

Tudo começa por um simples pensamento que, estimulado por interesses de qualquer natureza, é retido, elaborado e forma uma ideia. Essa ideia, que pode ser abstrata ou empírica, é ampliada e desenvolvida, chegando a um conceito. Aceitando-o como verdade, utilizo-o, sem questionamento ou adaptação, nas diversas situações da minha vida. Eis o condicionamento. Não busco novas saídas, apego-me ao que ficou estabelecido, e acho mais cômodo e seguro transmiti-lo aos meus filhos e netos. Está formada a tradição.

As tradições se tornam inquestionáveis e são transferidas, através dos séculos, de gerações a gerações; elas fazem nascer verdades absolutas: os chamados dogmas. É fácil, neste estágio, compreender a dependência e a falta de discernimento, pois as pessoas, presas ao passado, perdem a *iniciativa própria*, o *senso crítico* e a *criatividade*.

A civilização moderna desenvolveu certos comportamentos e atitudes repetitivos que são saudáveis e produtivos; outros, entretanto, podem ser início de condicionamentos prejudiciais à convivência e à saúde. São eles: os hábitos e as rotinas.

HÁBITOS são atitudes repetidas diariamente, que são saudáveis e necessárias para a organização da vida pessoal, familiar e profissional.

Exemplo: escovar os dentes; lavar as mãos antes de comer; tomar banho; limpar a mesa de trabalho duas vezes por dia, de manhã e à tarde; levar flores para a esposa; beijar os filhos todos os dias; dizer bom-dia a todos.

ROTINA são atitudes repetidas mecanicamente e sem reflexão; geram acomodação.

A rotina traz a irritabilidade, pois, movidos pela obrigação e pela falta de estímulo, não desenvolvemos a *iniciativa própria,* o *senso crítico*, tampouco a *criatividade*. Arroz e feijão todos os dias, entendeu?

SINTOMAS DO CONDICIONAMENTO

Identifique alguns comportamentos ou sintomas de rotina, que indicam que estamos a caminho dos condicionamentos:

- desordem ou excesso de ordem;
- desmotivação, apatia ou mania de trabalhar;
- pessimismo ou otimismo superficial;
- submissão ou insubordinação;
- ser centralizador ou condescendente;
- ser escravo do tempo ou da ociosidade;
- isolamento (falta de diálogo) ou falar demais, sem necessidade, sobre mesmo assunto;
- soluções superficiais (viagens, cursos, compra de promoções, troca de pessoas e locais, mudança da aparência física e uso de badulaques por todo o corpo).

Pudemos conhecer o ciclo da formação dos condicionamentos e perceber que eles são formados pela simples falta do *observar* e *refletir*.

Pudemos concluir, ainda, que os condicionamentos retardam nossa evolução, impedindo-nos de crescer e de alcançar a autorrealização. Como fazer então para quebrar a cadeia que os forma? Vamos antes entender qual a diferença entre pensar e refletir.

PENSAR é emitir ondas de vibração no éter, pela força da vontade ou espontaneamente, para alguém ou alguma coisa a curta ou longa distância.

E o refletir?

REFLETIR é conter e elaborar pensamentos com critério; formar ideias, analisando sempre dois ou mais pontos correlatos ou opostos, para obter uma conclusão coerente e harmoniosa.

QUEBRA DOS CONDICIONAMENTOS

Ao *refletir*, quebramos a formação da cadeia de condicionamentos através da ação. Observe o quadro a seguir:

CICLO DE QUEBRA DOS CONDICIONAMENTOS

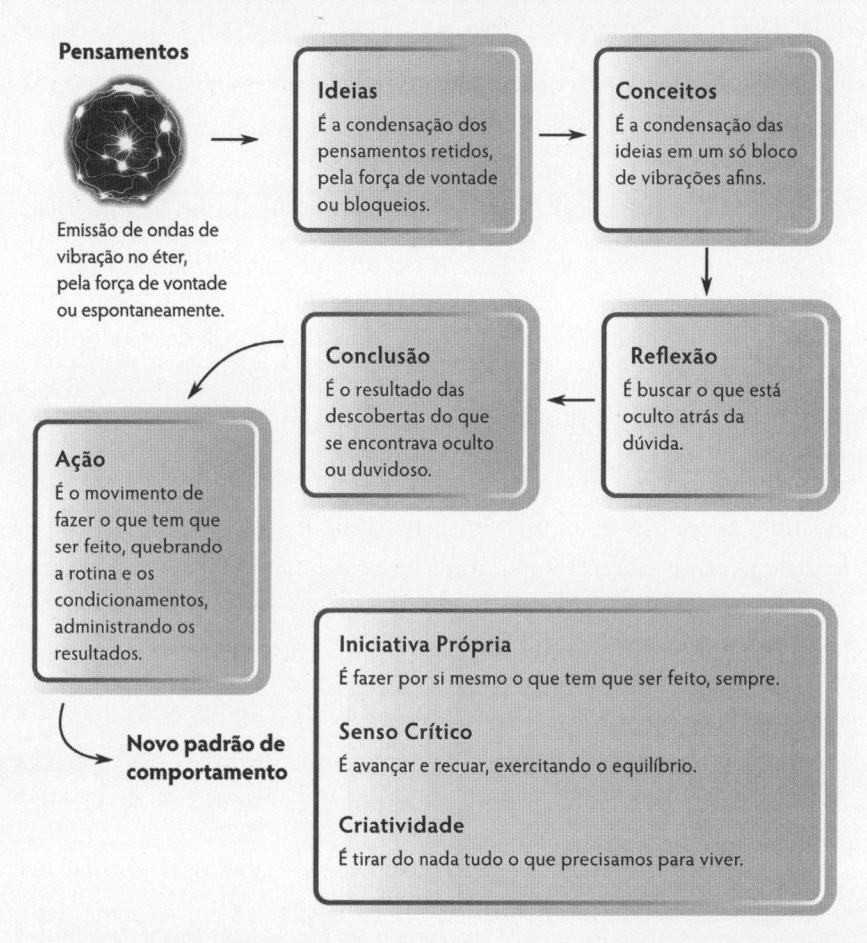

Pensamentos

Emissão de ondas de vibração no éter, pela força de vontade ou espontaneamente.

Ideias
É a condensação dos pensamentos retidos, pela força de vontade ou bloqueios.

Conceitos
É a condensação das ideias em um só bloco de vibrações afins.

Conclusão
É o resultado das descobertas do que se encontrava oculto ou duvidoso.

Reflexão
É buscar o que está oculto atrás da dúvida.

Ação
É o movimento de fazer o que tem que ser feito, quebrando a rotina e os condicionamentos, administrando os resultados.

Novo padrão de comportamento

Iniciativa Própria
É fazer por si mesmo o que tem que ser feito, sempre.

Senso Crítico
É avançar e recuar, exercitando o equilíbrio.

Criatividade
É tirar do nada tudo o que precisamos para viver.

Observe que, neste novo quadro, a reflexão permite que você chegue à sua própria conclusão diante de uma determinada situação. Com isso, sua ação não será mais condicionada, levando você a um novo padrão de comportamento, quebrando a rotina, os dogmas e a dependência. Esse novo padrão estimulará sua *iniciativa própria, senso crítico* e *criatividade*. Mas é importante salientar que toda mudança exige ajustes, e ninguém acerta todas. Você terá sucessos e fracassos; aprenda com seus erros, cresça e conquiste sua liberdade interna.

Vamos *refletir* sobre os dois quadros?

Com base nesses quadros, refletindo sobre a nossa situação atual, encontraremos duas situações:

PRIMEIRA: Tudo está em ordem, não trocarei minhas regalias por transformações arriscadas, cujo resultado eu não posso prever. Prefiro ficar como estou, do que lidar com o imprevisível. Sou omisso? Sou. Sou bundão? Sou. Veja as vantagens: com a minha idade, está tudo no lugar, certinho, quadradinho, preto e branco e três por quatro. Além do mais, tenho tudo o que preciso. Começar tudo de novo? Não! Deixa como está. Apesar da insegurança, noites mal dormidas, irritabilidade constante, tudo vai bem. Mais algum tempo estarei aposentado, vou pescar e cuidar de minhas coisas e fazer um trabalho voluntário...

SEGUNDA: Sinto um desconforto interno. A insatisfação está me atropelando, apesar de, aparentemente, ter tudo de que preciso. Sinto uma frustração por perda de tempo, inutilidade e incompetência. Sinto como se a vida estivesse se esvaindo, apesar de tudo parecer em ordem, no seu lugar. Sinto uma força querendo implodir dentro de mim.

Nos dois casos, as coisas não vão bem. É preciso mudar, expandir e reaprender. De alguma maneira e em algum lugar do futuro, você vai precisar de mudança, inovação. Você pode começar agora ou mais tarde. **Decida!**

Outro sintoma da falta de reflexão é a fuga. Fuga é outro agente que o serviço secreto de nossa mente treinou para destruir a nossa serenidade. O agente fuga utiliza-se de várias armas. Gostaria de mostrar a você uma delas, contando a história de Dona Alusinete em "O cotonete de ouro".

Essa história nos mostra que, quando não conhecemos a nossa mente, que é um campo vivo de energias, ficamos vulneráveis ao que os nossos cinco sentidos captam e registram. Muitas pessoas, quando sofrem uma decepção muito forte ou também uma frustração quase irreparável, tendem a acionar o agente especial "fuga" e a preencher todo o seu tempo usando o ópio da ocupação excessiva, pois a nossa mente busca subterfúgios para continuar no controle de nossas emoções.

O cotonete de ouro

Dona Alusinete era uma dona de casa exemplar. Mãe de quatro filhos, ainda encontrava tempo para dar aulas no curso primário, estudar violino, tocar flauta, ensinar bordados e ser membro da Associação de Pais e Mestres da escola.

O jardim de sua casa era impecável. A grama absolutamente aparada, as flores, enriquecidas pelo adubo e bom trato, deixavam exalar um perfume inconfundível de jasmim. Tudo feito por ela.

As portas de sua casa, exageradamente enceradas, semanalmente, pela cera brilhante, exatamente às 15 horas de todos os sábados, chamaram-me a atenção.

— Como vai, Dona Alusinete? Que belas flores tem seu jardim.

— Obrigada, Dr. Paulo, o senhor não quer entrar?

Instintivamente cedi ao convite, e ela, de imediato, completou, prevenindo-me:

— Dr. Paulo, sinto não poder dar a atenção merecida ao senhor, mas tenho uma agenda apertada da qual ainda devo cumprir um roteiro nas próximas 24 horas. Entre, fique à vontade, admire meus quadros e vasos decorados pelas minhas próprias mãos, enquanto, disciplinadamente, cumpro o meu dever.

Fiquei à vontade somente por cinco minutos, pois o próximo movimento de Dona Alusinete faria seu ex-marido, já morto há vinte anos, revirar-se no túmulo. Seu José, também professor de história como Alusinete, morreu, ainda jovem, de tuberculose. Foram jovens amantes, e ele deixou uma pequena fortuna para Alusinete.

De repente, Alusinete foi até o banheiro, pegou uma caixa de cotonetes, desembaraçou uma das peças e mergulhou no inacreditável. Molhando o algodão em um dos produtos de limpeza, começou a deslizar o cotonete sobre o fogão, nos entalhes mais profundos, incluindo os arrebites, parafusos e concavidades. As bocas do fogão eram trabalhadas com esmero exagerado. O forno era limpo com escova e produtos apropriados e enxugado com o cotonete para não enferrujar. As bordas, os detalhes da tampa e os pés eram lustrados também com o cotonete, para absorver improváveis gotas de gordura que já haviam sido removidas com água quente, esponja e escova de dente. Exatamente 2 horas e 45 minutos foram gastos nesta operação de limpeza.

Fiquei paralisado, observando com que carinho e amor Alusinete tratava o seu fogão.

Todas as peças de sua sala e de seu hall eram organizadas rigorosamente por tamanho, cor e volume.

Não se via um cisco no chão. Ainda estava me deleitando com os detalhes, quando Alusinete partiu para a fechadura, com cotonetes ancorados artisticamente em seus dedos, que deslizavam em forma de lixa, sobre a peça bronzeada.

Seu olhar era triste, mas a satisfação com que agia era imensa. Lá se foram 55 minutos de dedicação e limpeza nas fechaduras e trincos. Tudo parecia que terminaria ali. Surpresa! Alusinete colocou luvas, empunhou o esguicho e partiu para cima de uma Brasília 86 e lavou, lavou, lavou. Tudo seria normal se a limpeza fosse somente com pano e sabão. Se você pensou isso, enganou-se. Alusinete enxugou a lataria com pano seco e as entranhas do painel, bancos, teto, assoalho e faróis foram enxugados e minuciosamente lustrados com... Co—to—ne—te embebido em álcool para desinfetar.

Já eram 22 horas quando Dona Alusinete veio me pedir desculpas no portão, justificando-se, alegremente, que domingo próximo, como todos os domingos, seus filhos viriam almoçar em sua casa, sendo esta a razão de toda a correria.

Nossa amiga, Dona Alusinete, por trás dessa disciplina toda, mostra-nos como podemos utilizar o excesso de trabalho para disfarçar o vazio interior que, além de não resolver nossos problemas, limita nossa capacidade de *observar*, *refletir* e *tomar atitude*, e assim nos tornamos seres condicionados.

Um dos objetivos da maioria das pessoas é constituir família; entretanto, quando acontece a perda de um filho ou a perda do parceiro, como no caso de Dona Alusinete, sentimos nosso chão estremecer; porém, a vida tem que continuar. Apegados que somos aos nossos entes queridos que se foram e à responsabilidade para com aqueles que ficaram, criamos a motivação, digo, a obrigação necessária para que a *força de vontade* assuma a coordenação dos nossos movimentos, porém sem reflexão. As perdas são, muitas vezes, o motivo para acordarmos, crescermos e sairmos do comodismo. Vida útil não significa vida fácil, mas vida fácil pode significar vida inútil.

Se a pessoa atingida pelo luto ou qualquer outra situação que ela não pôde suportar e que estava além dos seus limites sufocar sua *força interna*, o que é comum acontecer, estará criando um clima favorável para um desastre, pois, juntamente com seus movimentos e ações, haverá a tristeza, a irritabilidade, o medo, a depressão, a falta de vontade de viver ou coisas do gênero. Ainda que essa pessoa, agindo pela *força de vontade*, possa ser absolutamente competente ou eficiente na execução de suas tarefas, cumprindo suas obrigações do dia a dia, estará na zona de perigo, pois, sem reflexão, cairá na depressão.

Observamos que, nesses casos, a mola propulsora ou o estímulo da *força de vontade* é a disciplina exagerada, que ultrapassa o limite do bom senso. O ser humano tem essa capacidade: para se autossuperar pode tornar-se um "robô-humano"; mas com um custo muito alto: perdemos os nossos limites e o senso de ridículo. E isso na melhor hipótese.

Dependendo do nível de frustração, as consequências podem ser piores. Atos de indiferença ou marginalidade são o resultado da carência interna e do inconformismo, que, por sua vez, são frutos de perdas materiais ou emocionais.

É claro que o pano de fundo é o desconhecimento das causas e efeitos abrangentes da vida como um todo. **"Conhece-te a ti mesmo" e descobrirás teus mistérios.**

Quando ocorrem decepções, traumas etc. e praticamos os 5 Movimentos, nos mantemos em sintonia com a *força interna*, superamos as dificuldades e vencemos os nossos limites, sem perder nosso senso de humor, discernimento e capacidades similares. E, nos dias de hoje, na era da globalização, exige-se que a *força interna* entre em ação, pois, quando ela se manifesta, a *força de vontade* a acompanha. Quero dizer: nos momentos de aflição ou desgosto profundo, a *força interna* vem em nosso socorro e arrasta com ela a *força de vontade*. Ela se sobrepõe a tudo e, sem precisar de estímulos ou motivação, a *força interna* expande nossos limites. O contrário não é verdadeiro. A *força de vontade*, sem a motivação, desaparece, podendo levar a criatura, mais cedo ou mais tarde, à autodestruição.

Conhecendo as duas forças: a *força de vontade* e *a força interna*, as coisas ficariam muito mais fáceis. Vamos agora recapitular, fazendo um resumo comparativo entre elas, para facilitar sua identificação:

FORÇA DE VONTADE	FORÇA INTERNA
Exige movimento para ser vista e notada	É luz interior permanente no invisível
Aumenta quando exigida	Expande naturalmente
É neutra na sua fonte, podendo ser negativa ou positiva no seu efeito	É utilizada sempre positivamente
Pode ser aniquilada	Pode ser inibida
Com a idade, seu brilho pode desaparecer	Com a idade, expande em sabedoria e luz
Pode ser neutralizada por muitos motivos, principalmente pela omissão	Pode ser inoperante, somente por nós, quando desconhecida
Depende de fatores externos, motivação em geral, poder e prazer. E pode nos conduzir à autodestruição	Independe de fatores externos e nos conduz para a autorrealização
É a Lua da nossa vida	É o Sol de nossa existência
Amplia conhecimento	Armazena virtudes

A *força de vontade* traz o movimento ao ser, de fora para dentro; a *força interna* movimenta o ser de dentro para fora.

A *força de vontade* busca a liderança: mandando, chefiando. São os efeitos; a *força interna* assume o comando, coordenando, apoiando, educando. É expansão interna.

A *força de vontade* é a energia elétrica no fio condutor; a *força interna* é a luz da lâmpada iluminando a escuridão.

As duas forças se manifestam e atuam no ser, na proporção de sua evolução — que é o conhecimento — e da sua elevação — que são as virtudes.

No comando de sua própria vida, o sucesso chegará seguro e consolidado, mas nem sempre rápido. O que quero dizer é: a *força de vontade,* direcionada às ações planejadas para o bem do todo, será o instrumento que despertará a *força interna. Força interna e força de vontade,* caminhando juntas em harmonia absoluta, dentro do tempo e do espaço, resultam em sabedoria. Sua *força de vontade* vai ajudá-lo a vencer as omissões, a inércia e os obstáculos externos; a corrigir desvios; estudar mais e aprender mais; a vencer a timidez, a valentia e o descuido pessoal. À medida que for trabalhando o que gosta em você, sua *força interna* vai expandindo, pois ela já está aí dentro.

Nosso objetivo é destacar que você, leitor, já possui a *força interna;* nosso trabalho é fazê-la manifestar-se e fazê-lo encontrar, através dos *5 Movimentos para Vencer seus Limites,* uma maneira simples e feliz de viver. Vale salientar que a *força interna* não depende de riqueza ou poder, de palácio ou choupana, de cor, raça, religião ou doutrina, ritual ou sistema. Ela se manifestará naturalmente, apesar de tudo, apesar de todas as diferenças existentes neste mundo. Só depende de você. Observe cada movimento no seu dia a dia e você vai perceber, nitidamente, a diferença entre a *força de vontade e a força interna.* Apenas observe e identifique. Veja o exemplo a seguir:

1. Numa discussão, você percebe que as coisas não estão indo bem e "roda a baiana", para resolver a situação ou aliviar as tensões. Sem controlar suas manifestações, seus movimentos são de raiva: gritos desordenados, quebras de objetos, pontapés e socos. Estes atos foram impulsivos e descontrolados, uma reação compulsiva puramente emocional. É uma explosão de energia acumulada no campo mental e que chamamos de *impulsos desordenados.*

2. Se, nesse mesmo momento, você consegue conduzir a situação, resolvê-la, sem deixar que a impulsividade tome conta de você,

apesar de tê-lo feito com grande esforço, você utilizou a *força de vontade* e já está abrindo canal para a sua *força interna* se manifestar. Nessa ação, ela se fortifica. Você já está se reeducando.

3. Se, na mesma condição, você calmamente conduz a situação, com serenidade e neutralidade emocional, não sentindo impulsividade e sem ter que fazer o mínimo esforço para se controlar — pelo contrário, você ainda questiona e, com maturidade, administra a situação —, é ela, a *força interna* fluindo. Ela já está despertando e pronta para *agir* por você. Esse é o caminho, pois, nesse caso, não houve desperdício de energia, mas sim uma manifestação espontânea do ser que conquistou o autocontrole. Você está a caminho da autogestão.

Bem, acredito ter dado esclarecimentos básicos sobre essas duas forças que acompanham o ser em sua existência, pois uma linha tênue as separa, mas suas consequências podem ser bem diferentes. Ambas têm a mesma semente, que é a *força inata* ou instintiva que, por sua vez, começou no princípio da luz imanente do universo.

Cabe ainda falarmos que a falta do *observar* e do *refletir* não prejudica somente a nós mesmos, mas, também, àqueles que estão bem próximos de nós, como os nossos filhos. Eles usam de muitos artifícios para chamar a nossa atenção e, se não tivermos o devido cuidado com cada situação e não refletimos no que fazer, pode esperar, será um desastre.

Nas EPVs — Escolas Preparatórias para a Vida da Fundação Eufraten[3] —, a evidência desse fato é indiscutível. E não pense que eles são diferentes de nossos filhos. Quando um jovem ou criança começa a provocar incidentes — tais como: conflito entre os colegas, furtos, isolamentos, falar alto sem necessidade, bater pratos, excessos de pier-

---

[3] A ONG onde aplicamos a Pedagogia Heulosófica, que utiliza as duas asas da pedagogia universal, a maiêutica e o peripatético, em atendimentos gratuitos para crianças, adolescentes e jovens de baixa renda.

cings, tatuagens e roupas extravagantes —, nós procuramos integrá-lo ao grupo, chamando-o às atividades participativas. Eis o nosso procedimento, que também é praticado em nossa própria família:

a) damos a eles maiores responsabilidades;
b) fazemos elogios ponderados e verdadeiros;
c) estimulamos o seu crescimento como indivíduo, no lar e na sociedade;
d) oferecemos promoções, delegando a eles mais poderes e compromissos;
e) fazemos avaliações constantes, questionando os possíveis excessos e omissões.

Com certeza, você observou durante esse capítulo que o hábito de *refletir* nas pequenas atitudes tem o poder de mudar a nossa vida para sempre.

E por falar em refletir, voltemos ao mestre Goh

... Anoiteceu. Em torno da fogueira, todos nós estávamos ávidos por ouvir Mestre Goh. Apressado como sempre, aproximei-me dele, resoluto...

— E então, Hannã — intercedeu ele, antes que eu perguntasse —, refletiu sobre o observar?

— É... tenho pensado muito em nossa conversa, mas, quanto mais eu penso, menos entendo, mais fico confuso e não chego a nenhuma conclusão.

— Ora, Hannã, pensando não chegará a conclusão nenhuma, é necessário distinguir pensar de refletir! — ele disse, e, pela primeira vez, vi Mestre Goh rir gostosamente, parecendo uma criança traquina. — Pensar, Hannã, é simplesmente emitir ondas de vibração, vivas, ativas e identificadas com quem as emite. É provocar movimentos no éter. Refletir é analisar dois pontos de vista, diferentes ou opostos, para escolher a melhor opção e decidir

o que fazer; escolher o melhor caminho a seguir. É uma ação mais elaborada do ser em evolução.

— *É decidir entre dois pensamentos?* — *questionei, todo afoito.*

— *Mais que isso. Saiba, Hannã, primeiro você pensa; se o pensamento persistir, por interesses próprios ou situações alheias a você; você o retém, tornando-o uma ideia. Depois que se tornou ideia, vem o conceito, que é a ideia consolidada, mas que nem sempre foi experienciada ou testada, e que poderá ser aceita, sem o devido questionamento dos fatos e dados recebidos. Não havendo questionamento ou reflexão, torna-se verdade absoluta, um dogma, que será transmitido pela tradição. Essa mesma ideia, cristalizada em condicionamentos, pode atravessar o tempo sem que nada mude, escravizando as pessoas ou cerceando a força interna. A dependência humana ocorre pela falta do refletir. O refletir desenvolve a capacidade do homem de comparar fatos e dados para uma conclusão. A reflexão vai eliminando as atitudes impulsivas, emotivas e omissas. Acima do pensar, ela desenvolve e proporciona ao ser a serenidade, a ponderação e a sensibilidade. No início, é vagarosa e exige esforço de quem quer vencer seus limites; com o tempo, torna-se natural e espontânea.*

— *Mestre Goh, pensar, refletir, pensar, refletir, afinal...*

— *Querido Hannã* — *disse-me Goh, afagando minha cabeça* —, *quando refletimos, mergulhamos no oceano dos nossos pensamentos, percepcionamos o mundo das ideias, descobrindo o poder da força interna. É notável o refletir nas nossas verdades e mentiras, pois, tal qual da fonte do Nilo surge um rio de águas claras, da reflexão surge uma atmosfera mental cristalina. Imperturbável serenidade se faz presente, ao descobrirmos a força interna, fazendo de nós um sol eterno e consciente, a caminhar na eternidade. Reflita e descubra a força interna, sábia e criativa, que é do saber fonte segura.*

— *Mestre Goh* — *disse eu, um pouco indeciso* —, *parece tudo tão fácil quando explicado por você...*

— *Hannã* — *disse ele, gravemente* —, *tudo é simples e fácil. Todos poderiam aprender todas as coisas pelos movimentos da natureza, através de observação e reflexão. O problema é o homem que, quando ensina, escolhe o caminho do "quanto mais difícil melhor"; na verdade em todos os meus anos com a civilização do Primeiro Mundo, observei que educar é diferente de mostrar conhecimento. Queremos sempre mostrar conhecimento, não importando o preço para manter a ignorância alheia e nos sentirmos superiores; pura vaidade!*

— Por que os homens são assim, Mestre Goh?

— Duas alavancas estimulam os homens: o poder e o prazer. Estes mecanismos, sem a devida reflexão, Hannã, fazem do homem joguete de suas próprias ações. Estimulando a vaidade e o orgulho, o poder e o prazer cegam os homens, jogando-os na rede dos condicionamentos. O que sobra é a sensação de eternidade, mas, na verdade, vive ele somente uma gota do oceano do universo...

Mestre Goh se perdeu no infinito. Seu olhar profundo e triste o fez continuar.

— Meus filhos — disse, quase angustiado —, quando os homens descobrirem o poder da reflexão, romperão os grilhões da dependência, serão livres e descobrirão a neutralidade.

— Como fazer isso? — perguntei, mergulhado na solidão de Goh.

— É assim — disse ele animado e voltando do seu infinito —, pensar é sinal de nascer; refletir é a luz da juventude; concluir é a porta da maioridade e agir é o portal da maturidade. Lembre-se, Hannã, o que importa é agir sempre; agindo, rompe-se a dependência e conquista-se a liberdade de consciência.

— Como agir, Mestre Goh?

— Tomando atitude.

— E o que é tomar atitude?

— Agora durma, Hannã, pois as estrelas te reclamam.

Dormimos...

CAPÍTULO III
TERCEIRO MOVIMENTO: TOMAR ATITUDE

É a conversa de você com você mesmo para decidir, internamente e com direção, o que tem que ser feito.

Quando estamos confusos, com medo, indecisos ou inseguros, nossa postura é protelar e prorrogar nossas decisões o máximo possível. Só que muito em breve outras situações surgirão, e a decisão anterior, que já deveria ter sido tomada, ficou esquecida. Portanto, *tomar atitude* é não acumular pendências internas e não deixar para daqui a pouco o que teria que ser decidido ontem, mesmo que você tenha que esperar para colocar sua decisão em prática.

Tomar atitude é o movimento de reconstruir-se internamente. Vamos a um exemplo: quando construímos uma casa, temos que desenhar o modelo que queremos, escolher o local, definir quartos, cozinha, banheiro, quintal, as cores a serem pintadas, o jardim, as flores, e fazer com que tudo isso se encaixe em nosso orçamento; tudo isso, ainda, no mundo das ideias. Inicialmente, conversamos conosco mesmo para dirimir dúvidas na arquitetura; em seguida, trocamos ideias com nosso parceiro para verificar se o gosto combina.

O próximo passo é desenhar a casa, colocando no papel nossos projetos e anseios. A quantidade de tijolos, telhas, cimento etc. é colocada em uma relação, para que os materiais sejam comprados cronologicamente, por datas e por ordem de prioridade, para não quebrar o nosso orçamento nem ocupar espaço desnecessário. Se precisarmos, contrataremos um arquiteto para nos ajudar.

Assim é *tomar atitude*: decida como você quer realmente ser a partir de hoje, usando a *força de vontade* para despertar a *força interna*. Desenhe uma nova criatura, idealize o novo ser e, refletindo continuamente, em breve surgirá um novo você.

No *tomar atitude*, vamos iniciar um trabalho de autorreconstrução. Então, acho importante falarmos sobre alguns conceitos que vamos utilizar e que fazem parte deste processo:

ORGANIZAÇÃO é estruturar o encadeamento harmônico entre tudo e todos. É o mapa pelo qual se administram as circunstâncias da vida, alocando recursos no tempo e no espaço.

CONCENTRAÇÃO é a capacidade produtiva de direcionar, organizadamente, as energias somadas, para diversas necessidades, aumentando com eficácia nossa capacidade produtiva, ou seja, fazer diversas coisas ao mesmo tempo, de forma simples e bem-feita. É mergulhar no foco, realizando, ao mesmo tempo, tarefas diferentes.

FLEXIBILIDADE é a capacidade de avaliar várias alternativas e abrir mão, quando necessário, daquela de sua preferência, fazendo o que tem de ser feito, mesmo que não lhe agrade totalmente, em prol do que seja o bem do grupo. É o exercício constante de fazer concessões para o bem de todos, mas sem conchavos. A flexibilidade é neta do *senso crítico* e filha do discernimento.

PLANEJAMENTO é organizar no tempo e no espaço todas as ações diretivas de um processo administrativo, pessoal, familiar ou empresarial.

PRIORIZAR é discernir a ordem, a importância e o momento de realizar todas as coisas.

Para começar, precisamos sanear as nossas dúvidas, indecisões, coisas mal-acabadas e omissões. Trata-se de uma *organização*; ou melhor, uma reorganização mental que deverá materializar-se em *prioridades*: seguir uma linha de reflexão e de ações determinadas, com o *planejamento* das nossas ideias e intenções. *Tomar atitude* é colocar nos trilhos as nossas dúvidas e os vagões descarrilados das nossas inseguranças. São os efeitos do *refletir*, quando feito de maneira contínua e disciplinada.

Nesse processo de autorreconstrução, é natural que muitas vezes pinte a insegurança. Então, é importante usar sua *força de vontade* para vencê-la e a *força interna* para transformá-la em segurança, a fim de consolidar essa mudança. Mas a segurança que temos que desenvolver é a interna. Essa ninguém roubará, tirará ou emprestará. E sabe quem é a única pessoa que lhe dará isso? Você, ninguém mais! É isso que você tem que conquistar, com esforço próprio. Reconstruir o ser que você *é* e não o que você *está*. A paz e a segurança existem; elas estão num cantinho bem dentro de você; porém, estão sufocadas pelas falsas imagens que o rodeiam e, pela falta de ação verdadeira, elas se acomodaram. Em troca dessa acomodação, ganhamos geladeiras cheias, home theater, tapetes persas, móveis novos e cada vez mais sofisticados, programas cada vez mais agressivos, que aumentam nosso apetite e inibem nossa reflexão, acabando com a nossa arte de viver e administrar pessoas, tais como filhos e colaboradores de qualquer natureza, cachorros, gatos etc. Tudo isso é bom e necessário, mas não é nada, se você não tiver a *força interna* para conseguir liberdade e sabedoria na convivência para tornar-se comandante de sua própria vida. Quero dizer, reconstruir o seu próprio destino!

Sem *observar*, *refletir* e *tomar atitude*, perdemos o controle da nossa vida e acabamos virando um "bundão". Quer conhecer um?

Pai Herói

Fui convidado a conhecer o Alfredo, homem de negócios, comerciante de aproximadamente cinquenta anos. Chamado carinhosamente pelos amigos de Alfredão, era falante e sua entonação de voz, entre altos e baixos, era um misto de locutor de rádio e som de alto-falante de parque infantil distorcido pelo vento. Chegamos em sua casa por volta das 19h. Alfredão vestia roupão de seda, estava absolutamente confortável em sua cadeira pomposa, apoiando os pés no banquinho; parecia uma máquina de comer. À sua volta volitavam migalhas de pipoca e cascas de amendoins. Nem sequer olhou para trás. Na mão direita, o controle remoto, e na esquerda, deleitando-se, segurava o copo de bom uísque escocês. Gritou lá da frente:

— Caramba! Vocês chegaram cedo!

Já constrangido pela recepção, parei na porta, à espera de um novo convite. Dona Raimunda, esposa do Alfredão, percebendo o excesso do marido, tentou suavizar:

— Olá! Vocês chegaram em boa hora. Sejam bem-vindos.

Alfredão, sentindo-se ofendido, insistiu:

— O horário marcado era 20h. Vocês chegaram uma hora adiantados.

Foi quando a minha companhia, também constrangida, falou docemente:

— Não tem problema, Alfredão, se você quiser, podemos ir embora e voltaremos mais tarde.

— Não, não. Já que estão, podem ficar — disse Alfredão, todo requintado.

O programa da TV era a novela das sete e, cheio de impaciência, Alfredão apertava a toda hora o "gatilho" do controle remoto, mudando de programas continuadamente.

Alfredão era gordo, papudo, careca e tinha mau cheiro no pé. Chamou-nos para perto de si e nos confidenciou.

— Jorge — disse, dirigindo-se ao meu companheiro —, hoje sim foi um dia feliz. Nosso faturamento duplicou. Fui nomeado presidente de nossa associação e mais blá, blá, blá...

Observei que Dona Raimunda não saía da cozinha. Várias rugas de espantosa profundidade atravessavam seu rosto.

Na sala de aproximadamente 150 m², só existia a cadeira do Alfredão, a televisão ligada com volume exagerado e um tapete persa, quebrando a insistente e imperturbável monotonia.

Uma porta ao fundo do corredor abriu-se e de lá saíram duas pessoas abraçadas: um jovem casal, vestidos com o mínimo possível e com um cheiro inconfundível de não sei o quê. Passaram por nós e Alfredão não perdeu a pose:

— Já vão? Não se esqueçam de encher o tanque. Filhinha, amanhã à noite é o aniversário da vovó. Dê uma passadinha lá e leve o Jerry, tá?

Sem emitir uma só palavra, a filha do Alfredão, acompanhada pelo Jerry e com uma tremenda cara de sono, saiu, sem ao menos dizer adeus.

A conversa continuava já há uma hora, quando outra porta se abriu, no mesmo corredor, e dela saiu outro casal, um pouquinho mais vestido. Também com cara de sono e olhos bastante prejudicados, o jovem berrou, em tom ameaçador:

— Quem saiu com a BMW? Será que aqui não se tem mais preferência?

— Filhinho — disse Alfredão, em tom conciliador —, pegue o Audi mesmo. Ele já está com o tanque cheio, você nem precisa passar no posto. Calma. Está tudo bem. Vai voltar hoje?

— Você está perguntando ou inquirindo?

— É só preocupação do papai, Renato.

Batendo a porta, Renato saiu nervoso e extremamente descontrolado. Alfredão, notando nosso olhar constrangido, sorriu disfarçadamente:

— Viram só, gente boa, como eu entendo meus filhos?

Sou capaz de apostar que você também não conhece ninguém assim! Alfredão é um bom exemplo para nosso estudo. Uma das características marcantes de sua personalidade é a opressão. Atrás do pai carinhoso e bonzinho, ele é um ditador inveterado, arrogante e insensível. Futuro incerto para Alfredão, sem dúvida nenhuma. Como vimos, ele tratava a esposa como um típico machão que, em situações de conflito, normalmente são covardes.

Existem maridos que ainda são machões, espécie que está entrando em extinção, e que impõem um regime ditatorial em seus casamentos. Atualmente, as mulheres buscam uma parceria inteligente com quem possam dividir as obrigações do lar e trabalhos em geral e que as tratem com sabedoria, respeito e afeto. Os homens são machões por condicionamentos da tradição antiga. Observei que, normalmente, os machões só o são com aqueles que não reagem contra suas leis unilaterais.

Na grande maioria dos lares, em todo o mundo, existem os Alfredões da vida, um verdadeiro ditador omisso; mas, mesmo sendo um ditador, Alfredão é pai extremoso, carinhoso, preocupado com o bem-estar dos filhos e de sua família, certo? Certo.

Não temos dúvida de que ele ama os filhos e a família, dentro de sua concepção de amor. Pela nossa observação, ele esconde, atrás do amor, a acomodação; para não sair dessa acomodação e *tomar uma atitude*, ele faz acordos e conchavos — aliás, outra dupla de agentes credenciados e treinados pelo serviço secreto da nossa mente.

Gostaria de fazer um questionamento a você. A atitude de Alfredão com os filhos foi um ato de renúncia ou omissão?

Você poderia responder-me: "Tanto faz, muitas vezes, somos obrigados a fazer aquilo que não queremos e não gostamos...".

Pois bem, leitor, embora essas atitudes sejam aparentemente idênticas, existe uma diferença fundamental entre elas, que é **o seu resultado prático em nossas vidas.**

Para o *tomar atitude*, é de muita importância saber diferenciar entre uma e outra, pois na renúncia você acessa sua *força interna* e, na omissão, você a sufoca. E já que estamos falando de nossas vidas, vamos aprender a identificá-las. Na bucha!

OMISSÃO X RENÚNCIA

Omissão é a fuga ou indiferença interna diante dos fatos de nossa realidade.

É quando não queremos discutir ou tomar partido, por falta de coragem ou medo de perder alguém ou alguma coisa. Então, acomodamo-nos com uma situação para não sermos chamados de encrenqueiros, chatos ou ranzinzas e deixamos tudo como está, caminhando para o pior; "deixa como está para ver como é que fica". Na maioria das vezes nos fazemos passar por vítimas ou coitados. Pois bem, isto não constrói. Muito pelo contrário, acaba com qualquer um. Muitas vezes, a omissão nasce no medo da perda, de não ser amado ou não ser importante. Enquanto você tiver medo de perder, só vai perder: mesmo ganhando, perdeu, porque, se você ganhar, será de uma forma equivocada, que chamamos de "conchavo", "autocorrupção". Se tiver de perder, perca logo aquilo que nunca foi seu. Não viva de ilusões, aparências e mentiras nas quais você acredita. Para ser livre, você tem de mudar, ser transparente com você mesmo. Então, mude já!

E a renúncia?

RENÚNCIA é o movimento de recuar, conscientemente, esperando o momento certo, na dose certa, para assumir sua posição a qualquer tempo e espaço.

É quando você, na mesma situação anterior, está sempre pronto a dar a sua opinião. Sua *força interna* sabe que você está pronto para *agir*. Não existe medo de perder nada. Mas não é a hora certa. Seus sensores reaprenderam a *observar* e sabem que o momento não é aquele, e que, se você avançar, tudo vai despencar. Isto é ter *flexibilidade*. Na renúncia, não existe sentimento de culpa, medo ou covardia. Existe sensatez. A reflexão convenceu-o disso. Você está seguro, sereno e de bem com a *força interna*. Se perder, perdeu. Tenha coragem de sanear a sua vida.

Percebeu a diferença?

Perceber a diferença é essencial para *tomar atitude* e fazer um novo *planejamento* da nossa vida, ou seja, replanejá-la. Quando confundimos essas duas atitudes, perdemos o referencial do certo e errado e, fatalmente, o comando de nossas vidas, pois uma é consciente, direcionada e nos dá a medida exata de cada coisa; a outra é inconsciente, desordenada e nos leva à autodestruição. Nos dois casos é pura questão de decisão interna.

Para dar a você um exemplo prático do que seria o terceiro movimento, narro abaixo o caso de Geraldina, que, acredito, nos fará entender como podemos, através do *tomar atitude*, mudar nossa vida.

A Decisão

Casada há 10 anos, uma de nossas clientes chegou à clínica de psicologia desesperada, desestimulada.

— Na lua de mel descobri — disse Geraldina — que meu casamento foi um erro, mas aprendi com minha mãe que no casamento devemos suportar tudo. Durante esses anos, moldei-me aos padrões tradicionais e às exigências do meu marido.

O marido de Geraldina é um homem responsável com o trabalho e cumpridor de seus deveres, porém, apresenta muita dificuldade de vínculo afetivo, o que afeta diretamente a esposa e os filhos.

A coragem e a vontade de Geraldina em continuar no casamento eram nulas, apesar da segurança financeira e dos três filhos maravilhosos. Aparentemente tudo ia bem, se não fosse a tristeza profunda que sentia em sua vida afetiva e a insatisfação sexual. Sem carinho e liberdade para se soltar, sente-se reprimida na vida amorosa. Sintomas depressivos assolavam nossa cliente. A força interna de Geraldina está a toda, porém sufocada.

Para suportar todos esses anos essa estrutura aparentemente perfeita, e não atender a seus apelos mais profundos, Geraldina abafou sua força interna, utilizando para isso sua própria força de vontade. A dependência e a omissão lhe eram lucrativas e serviam como compensação para suportar sua própria realidade interna. Ela não percebeu que, com esse comportamento durante anos, estava construindo sua própria prisão. Agora, já com 30 anos, no auge da maturidade feminina, quer mudar, romper com essa estrutura e seus padrões rígidos, mas sente-se incapaz, com medo e insegura; por quê? Sua força de vontade está deseducada e trabalha contra ela mesma. Como resultado, condicionou sua mente àqueles padrões de comportamentos a que ela mesma se moldou, e sua força interna, até então adormecida, está acordando e cobrando vorazmente uma tomada de atitude. Por muito tempo ela usou a força de vontade para manter as aparências, demonstrando para as pessoas uma felicidade que nunca existiu. Durante cinco semanas de terapia, foi necessário a terapeuta suportar lamentações, choros e ver sua cliente debater-se em sua própria prisão interna. Na sexta sessão, após a cliente não ter mais argumentos e justificativas, nossa terapeuta pôde esclarecer o seguinte:

— Geraldina, suas lágrimas nada resolverão. O que você precisa é refletir sobre suas dúvidas quanto à liberdade interna, escolhendo entre um novo caminho a seguir ou o comodismo condicionado, ou seja, a omissão, de fato. Decida-se. Tome uma atitude, ou aceite seu marido como ele é, ou rompa seus grilhões. Jogue fora seu comodismo e omissão e comece tudo de novo. Deixe sua força interna expandir-se. Ela a conduzirá.

— Se eu deixar meus privilégios, minha segurança e meu conforto, vou ser mais feliz, vou aguentar a solidão? — argumentou Geraldina.

— Geraldina — disse a terapeuta —, que tal você continuar como está? Porque, nesse caso, você não corre o risco de perder nada, a não ser de adoecer ainda jovem. Lembre-se: a autopiedade é a sua próxima parada, o desleixo e a baixa autoestima serão suas vizinhas inseparáveis.

— Não aguento — disse Geraldina, chorando desesperadamente.

— Ninguém pode ganhar todas — disse a terapeuta. — Temos que estar dispostos a perder de um lado para ganhar do outro, se necessário for. Você já refletiu e descobriu que sua força interna vai utilizar a depressão para chamar sua atenção para a necessidade da mudança, seja ela em que nível for, pois, mesmo sua força interna lhe dizendo o que fazer, você continua sufocando-a na sua acomodação. A sua liberdade ocorre quando você consegue utilizar a força de vontade a serviço da força interna. A força de vontade pode se movimentar ao seu favor ou contra você mesma; a força interna jamais, pois ela é sempre a seu favor. Resolva, Geraldina — finalizou a terapeuta.

— Doutora, estou muito confusa — disse Geraldina, atormentada.

— Geraldina, imagine-se em uma estrada na qual está caminhando e tem pressa para chegar ao seu destino. Você encontra na sua frente uma bicicleta novinha e sem uso. Sua vontade é de chegar rápido, mas só pela vontade vai acontecer?

— Não — respondeu Geraldina.

— O que é necessário, então?

— Pegar a bicicleta e pedalar, o mais rápido que puder, para chegar ao meu destino.

— Mas como há anos já não anda de bicicleta, você se sentiria insegura e com medo? — questionou a terapeuta.

— Sim, é possível.

— Portanto, você terá dois caminhos. O primeiro é vencer o medo e a insegurança, pegar a bicicleta e, pedalando, descobrir que ainda é capaz, e chegar a tempo ao compromisso, certo?

— Certo. Isso mesmo.

— No segundo caminho, você recua, não pega a bicicleta, opta por chegar de forma mais demorada, mas aparentemente mais segura, e continua sem descobrir se era capaz de andar de bicicleta ou não, perdendo seu compromisso com você mesma, entendeu?

— Sim, mas o que isso tem a ver com a força interna e com a força de vontade?

— Que elemento fez você enfrentar o medo e correr o risco?

— Ah! Entendi, foi a força interna.

— Muito bem, e qual o elemento fez você ir até a bicicleta, pegá-la, pedalar e melhorar seu desempenho, a cada quilômetro percorrido, e chegar ao seu destino?

— Puxa vida, é tão simples, foi a minha força de vontade.

— Por que, Geraldina?

— Primeiro, eu tomei a decisão interna de superar meus limites, para depois fazer o que tinha que ser feito...

— ... que é movimentar, modificar as coisas internas e externas, renovando, assim, seus padrões de comportamento — completou a terapeuta.

— No momento em que eu decidi internamente, a força interna entrou em ação. É isso?

— Exato, Geraldina.

— Mas, doutora, então força interna e força de vontade são coisas diferentes?

— Exatamente, Geraldina, são galhos do mesmo tronco, porém com frutos diferentes. A coluna tênue do discernimento as separa; embora atuem no mesmo ser, elas trabalham em níveis diferentes. É só observar.
— Ah! Entendi...
— E o seu medo, Geraldina?
— Deixou de existir, eu o superei... estou mais segura.
— É isso aí, Geraldina. Até a próxima semana.
— Tchau, doutora, e obrigada; hoje estou saindo renovada. Tenho que tomar uma atitude em minha vida.

Acompanhamos o caso durante os meses seguintes. Geraldina tomou atitude, agiu, reestruturou sua vida conjugal, modificando sua postura de acomodada para atuante, participativa e questionadora, provocando uma nova realidade comportamental no casal e em toda a família. Hoje, Geraldina encontrou a sua realização profissional; está mais bonita e mais alegre.

Depois da história de Geraldina, acredito que você tenha entendido, na prática, como podemos, através da nossa *força de vontade*, expandir a nossa força interna, tomar uma atitude e mudar a nossa vida.

Acho importante, ainda, esclarecer que existem dois tipos de omissão: a passiva e a ativa. Geraldina é um caso típico de omissão passiva, resultado de uma repressão tradicional e de sua própria acomodação, pois não tinha voz ativa, nem mesmo para defender seus pontos de vista.

Já Alfredão é um caso de omissão ativa, que oprimia os mais fracos, fazendo uso da sua autoridade de marido, de sócio, de anfitrião. Por outro lado, acomodado na sua postura de chefe de família, comprava os filhos, sem se importar com o desrespeito e a total falta de comando junto a estes, criando, assim, a sensação de falso poder e de controle absoluto, que não existia.

Descobri que a omissão dá início a um ciclo de atitudes que tiram o homem de seu ponto de equilíbrio e daí derivam todos os tipos de problemas que, hoje, a humanidade enfrenta. Veja o nosso gráfico explicativo:

CICLO DAS ATITUDES OMISSAS

- INSEGURANÇA
- MEDO
- RAIVA
- PAIXÃO
- APEGO

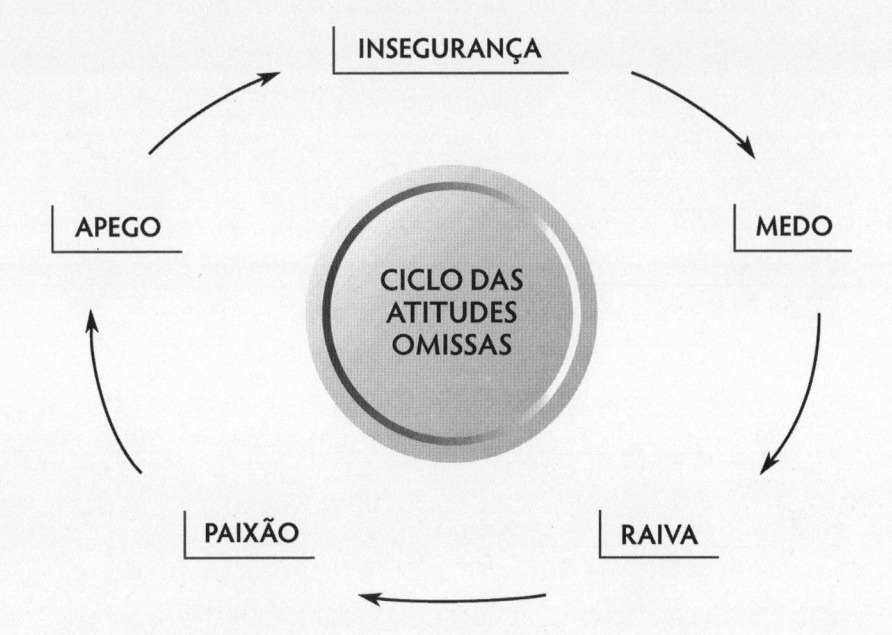

O acúmulo das nossas omissões vai gerando graus cada vez mais intensos de desequilíbrios emocionais. A omissão gera a insegurança que, por sua vez, gera o medo. O medo gera a raiva, a raiva a paixão, a paixão o apego, e pode terminar na completa anulação.

Devemos entender que a raiva, quando guardada, transforma-se em mágoa. A raiva tem graus de intensidade que acompanham, proporcionalmente, os graus de omissão e de medo. Assim sendo, a raiva gera a cólera, e a cólera gera a fúria.

A paixão pode gerar a raiva. Quem nunca viu aquele adolescente agressivo, raivoso, colérico e até mesmo furioso, num belo dia entrar pela porta da casa, suavemente, beijando a todos, parecendo um anjo de ternura? Todos sabem o que ocorreu: apaixonou-se. Passadas algumas semanas, o mesmo adolescente adentra pela mesma porta, chutando o cachorro, colérico e furioso e, novamente, todos sabem o que ocorreu: brigou com a namorada. A paixão também tem seus graus de intensidade referentes e diretamente proporcionais aos graus de raiva, medo e omissão.

A paixão gera a raiva, a raiva gera mágoa, a mágoa gera ressentimento, o ressentimento gera ódio. O ódio gera crueldade.

Quando reprimida, a paixão gera a autopiedade. A paixão pode gerar a compaixão, a indiferença afetiva ou o apego. A paixão gera o apego, que é o ato de aderir-se, agarrar-se, prender-se a algo ou alguém.

O apego sem controle torna-se uma obsessão que aprisiona o homem a algo ou alguém, e o próximo passo é a fascinação, que é um deslumbramento, uma atração irresistível por algo ou alguém.

A fascinação gera a possessão, que é o desejo de possuir integralmente algo ou alguém exclusivamente para si. O apego gera a insanidade e a perda do discernimento, sendo a causa principal das decisões parciais e injustas.

CONCLUSÃO:
pela nossa falta de discernimento, a renúncia confunde-se com a omissão. Porém, renúncia é o amor produtivo, a serviço de todos. E a omissão é a arte de enganar a si mesmo. A renúncia é sábia e jamais constrangedora. A omissão, sufocada pelo medo, é humilhante e inibidora.

Toda pessoa omissa tem a sensação de ser vítima e está sempre em desvantagem nas relações com a vida. Seu aperto de mão é sempre frágil e, quando não é, disfarça com gestos de infinita bondade e compreensão. É falsa sublimada e culpa a todos e a tudo pelos seus fracassos. Pode ser ditadora com os mais fracos, mas não tem reação quando é cobrada para uma rápida definição. Todo omisso é melindroso e não gosta de ser contestado. Sua experiência é quase sempre teórica e gosta de elogios; quando não recebe, fica desanimado. Pode tornar-se perigoso, quando ameaçado. Está sempre escondido atrás da moita e, quando aparece, é para ver se leva vantagem. É diferente do oprimido que, quando pode, exerce os seus direitos de exprimir sua opinião, virtudes e defeitos. O oprimido não reage porque não deixam; o omisso, mesmo que pudesse não o faria, pois ele jamais se expõe. É importante diferenciarmos as duas características dos que se calam: um é porque quer; o outro é porque não o deixam se expressar.

O omisso, além de ser "bundão", se puder, ainda oprime; o oprimido, mais cedo ou mais tarde, tomará sua posição. O omisso já está condicionado à posição de retranca; o oprimido fica esperando e, infelizmente, quando reage, os resultados são catastróficos.

E a renúncia? É o verdadeiro *saber esperar*. É o quinto movimento, que estudaremos mais adiante.

A renúncia deveria ser exemplificada todo dia, a toda hora. Sempre é educativa, construtiva, inteligente, elegante e digna; jamais se omite; entretanto, observa, reflete e toma atitude sobre a verdadeira situação. Não é suscetível ou melindrosa. Disposta a conquistar, é sempre estimulada a unificar, implantando e unificando o compromisso entre todos. Recua sempre que necessário e avança todo o tempo que puder. Jamais se cala, apenas silencia para esperar o momento certo, como, com quem e por quê. A renúncia é exemplar. Devemos começar o exercício da renúncia pelo mais simples e pelo que está mais perto de nós. Para se viver bem em família, na empresa e consigo mesmo, são necessários somente pequenos movimentos. Para ser feliz, bastam pequenas atitudes que, acompanhadas de sensibilidade e simplicidade, formam um clima de harmonia e serenidade para todos os envolvidos. O problema é encontrar o bom senso, fruto do discernimento, sem o qual nasce o individualismo e as disputas desnecessárias. São nossas pequenas atitudes do dia a dia que podem transformar a omissão em renúncia. O amor é um fator essencial a todos os seres humanos e, somente ele, em todas as suas formas, pode libertar as criaturas dos grilhões do egoísmo.

Todos imaginam que a renúncia refere-se aos grandes feitos, como os dos mártires. Mas a renúncia, como tudo em nossa vida, é um exercício que deve começar nas pequenas atitudes, como, por exemplo, ouvir o relato das peripécias de nossos filhos na escola, com paciência e atenção, apesar da cabeça explodindo de dor e do cansaço, depois de um dia duro de trabalho. Não são as grandes atitudes de vez em quando, mas, sim, as pequenas atitudes o tempo todo que despertam da "hibernação" a sua *força interna*. Com essas atitudes simples é que vencemos nossos limites e conquistamos nossa luz interior.

Quando começamos a praticar a renúncia, alteramos o nosso destino, pois, exercitando o avançar e o recuar, quebramos os nossos condicionamentos. O movimento de avançar e recuar é o resultado do contínuo *tomar atitude*. Com esses exercícios, consolidamos nosso poder de decisão e iniciamos, então, um novo caminho, que veremos no gráfico a seguir.

VIRTUDES DESENVOLVIDAS PELA PRÁTICA DA TOMADA DE ATITUDE

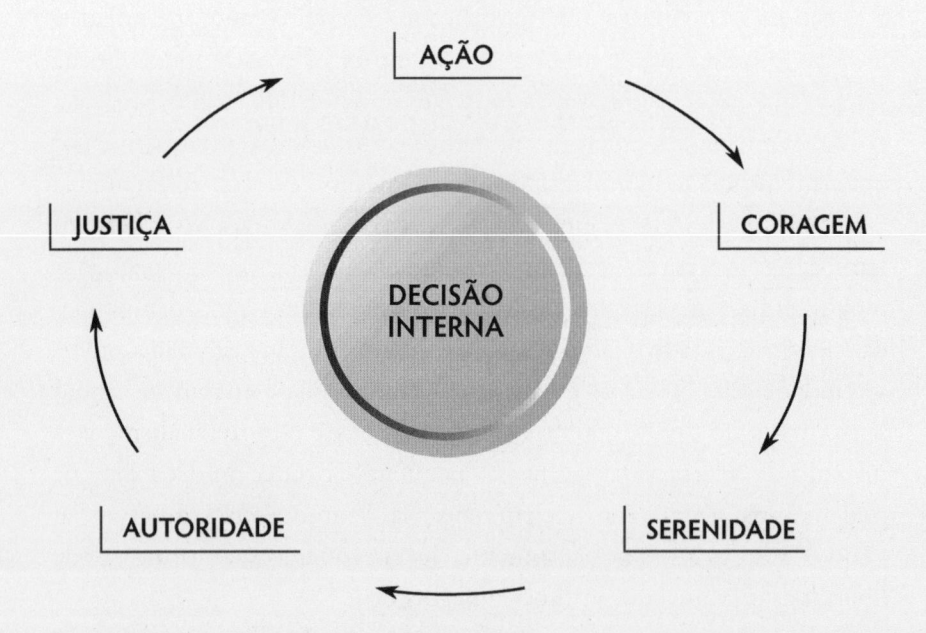

[Diagrama circular com DECISÃO INTERNA ao centro, cercado por: AÇÃO, CORAGEM, SERENIDADE, AUTORIDADE, JUSTIÇA]

A ação consciente gera a renúncia. A renúncia desenvolve a coragem e o exercício da coragem traz a prudência, que é a virtude de avançar ou recuar com cautela. A prudência traz a serenidade que, com o tempo, conquista a autoridade, que é o direito de exercer o poder com legitimidade e aceitação de todos.

Da autoridade nasce a dignidade, que é a prática do respeito a si mesmo. A dignidade traz a paz, que é a harmonia conquistada pela ação constante no bem e que permite a todos consolidarem a sua *força interna*.

A prática de renúncia, prudência, autoridade e a conquista da paz nos trazem o senso de justiça.

Assim, *tomar atitude* implica sairmos da nossa acomodação e revermos nosso *planejamento* de vida como um todo, sabendo, de antemão, que muitas dificuldades e obstáculos se farão presentes em nosso caminho. Não devemos desanimar. Ao contrário, devemos nos *concentrar* usando a *força de vontade* para nos estimular a vencer nossos próprios limites, acionando a *força interna*.

CONCLUSÃO:
tomar atitude é o movimento de decidir internamente no mundo das ideias e ter disposição para *agir*.

DICAS PARA TOMAR ATITUDE

- relacione pendências do passado, do presente e do futuro, aprendendo a priorizá-las de acordo com a necessidade, para então resolvê-las;
- o que já passou, passou. Não guarde rancor do que já está morto e enterrado;
- desenhe um sorriso no rosto, seja mais discreto e alegre. Idealize o corpo, a mente e o espírito que você gostaria de ter;
- decida não ser mais omisso e fale o que pensa, determinando momento e lugar certos para quem quer que seja;
- saiba que, quando questiono, eu aprendo; portanto, quanto mais questiono, mais eu aprendo;
- saiba que você é digno de respeito e que não é justo ser apegado ao trabalho exagerado, à vaidade, ao passado, ao presente e ao futuro;
- execute bem as tarefas hoje: deixe que o amanhã cuide do resto.

Bem, meus amigos, agora que já decidimos internamente, o próximo passo é o *agir*, mas antes, vamos continuar com o Mestre Goh...

***

...Quando amanheceu, meus olhos estavam fixados nas estrelas, que desapareciam no firmamento. Estava ansioso para ouvir Goh. Meus olhos buscaram-no, como um filho ao pai, sedento de admiração. Goh jamais permitia que o chamássemos de Mestre. Dizia ele: "poucos, entre os homens, tiveram sabedoria suficiente para serem chamados de mestre. Eu não estou entre eles". A modéstia de Goh era verdadeira e natural. Seus conhecimentos eram demonstrados na medida da nossa necessidade, e nenhuma pergunta permanecia sem resposta.

Mas o mais notável em Goh era sua resplandecência visual. Sua coluna vertebral, suavemente inclinada pelos seus 80 anos, espelhava o sábio amoroso e cheio de virtudes. Sua tez, apesar do sol escaldante do verão, não perdia a suavidade nem a alvura.

— Onde está Mestre Goh? — perguntei para Galesh, o egípcio solitário.

— Não sei. Acabei de acordar. Sei lá! Sei lá! — Galesh, totalmente desligado, parecia um jovem suíço, buscando aventura na África Setentrional.

Apreensivo, levantei-me apressado e, procurando nos arredores, fiquei aliviado ao ver que Goh meditava, de olhos suavemente cerrados, sorriso discreto... serenidade tinha de sobra.

— Hannã — sussurrou Goh —, refletiu sobre o refletir?

— Sim, Mestre Goh, refleti sobre o refletir e descobri que quem reflete aparece e quem não reflete desaparece.

Isso aconteceu há 6 anos e ainda morro de vergonha quando me lembro disso. Lições tão profundas de um sábio e um discípulo tão imaturo e insolente. Deixando a insolência de lado, retomei.

— Mestre Goh — era impossível não chamá-lo de Mestre —, pude perceber em nossas conversas que tudo na natureza segue um fluxo natural e que o mesmo deve acontecer com nossos movimentos. Observamos, refletimos, e gostaria de saber qual deve ser nosso próximo passo.

— *Muito bem, Hannã, sua pergunta lógica me traz alegria de saber que, mais que ouvir, você esteja usufruindo do que aprendeu. Após observarmos e refletirmos, vamos à tomada de atitude.*

— *Fale-me, então, sobre tomar atitude* — pedi, ávido de conhecimento.

— *Hannã, como você já aprendeu o observar e o refletir* — disse, ironicamente —, *vamos nos reunir aos outros.*

Mestre Goh levantou-se calmamente, descruzando as suas pernas finas e tortas e caminhou comigo, em absoluto silêncio.

Todos estavam à nossa espera na clareira. O bule de chá, com folhas escolhidas, temperadas e fervidas por Goh, dava-nos a certeza de sua vigilância durante a noite inteira. O chá nos serviu de consolo e de café da manhã. Todos tomaram seus lugares de primeira classe.

— *Os homens* — iniciou Mestre Goh — *descobriram as duas alavancas para desenvolver a força de vontade: o poder e o prazer. Através do poder e do prazer, tudo se move neste mundo.*

— *Dinheiro e sexo?* — perguntei, ruborizado.

— *Se o dinheiro não existisse, ainda assim existiria o poder da força, o poder pelo espaço, o poder da hierarquia, o poder pelo conhecimento, o poder da dominação e da luxúria. O poder existe pela necessidade de realização exterior: é a mente. É o toque de importância que faz o homem crescer de fora para dentro. Pelo prazer, o homem busca o sexo, a gula, a beleza, a arte... desenvolvendo as faculdades e a preservação da vida. É o estímulo para o caminho da ida.*

— *Então, Mestre Goh, existe o caminho de volta?*

— *Sabe como se caça um urso, apesar de ele ser dotado de tanta força e inteligência bruta, Hannã?*

— *Não, Mestre Goh, nem imagino.*

— *Dando-lhe do mais puro mel que existe, saturando-o do prazer da gula; ele relaxa e dorme e você o surpreende indefeso. Assim é que o homem, estimulado por prazer e poder, ativa a força de vontade, desenvolve a inteligência e, ao mergulhar no movimento da vida, que ele mesmo criou, adquire conhecimentos, adormece no orgulho* e na vaidade, acordando embriagado, pelo sono da carência e da depressão, solitário, mesmo estando acompanhado.

Na fogueira improvisada, só restavam cinzas e os esqueletos dos gravetos mal queimados. Mestre Goh, num comando natural e involuntário, ordenou:

— O caminho é longo, vamos!

Incontidamente, indaguei:

— Continue, Mestre Goh, quero saber mais... Como funciona?

— O que é carência, Mestre Goh? — perguntou Galesh, o egípcio, atropelando minhas palavras.

— Carência é a ausência de tudo aquilo que acreditamos precisar. É o princípio da angústia e da depressão.

— Angústia, depressão... O que é isso? — indagou Galesh, de forma involuntária.

— Galesh, a angústia é o estado em que a maioria da humanidade se encontra hoje. É um sinal de que atravessamos os nossos limites e que estamos abusando da nossa natureza interna. A depressão é um estado avançado de angústia e de carência, cujas providências devem ser imediatas. É o espaço aberto entre a força de vontade e a força interna. É a diferença entre o que realmente "sou" e o que "estou". Estar é o que eu faço e realizo, para fora, pela força de vontade. Ser é a verdadeira essência de mim mesmo, armazenada na consciência pela força interna.

— Muito confuso, Mestre Goh, muito confuso... — disse Galesh, assustado e quase desistindo.

— Galesh, os seres humanos não foram criados para acomodar-se, parar no tempo e no espaço. A tecnologia foi desenvolvida com o objetivo de facilitar a vida do homem, para que ele observasse e refletisse mais. O que aconteceu foi que, tal qual o urso depois de enfastiado de mel, o homem se acomodou e foi caçado pela preguiça; não acordou nem mesmo pelas guerras e destruições e, hoje, ele dorme no berço esplêndido da omissão. Toda a sua inteligência foi direcionada para o poder e o prazer. Sem a devida observação e reflexão e com a força de vontade fora de controle, vive o desastre da *depressão. Mais grave que a carência, é a distância entre o conhecer e o não fazer, saber e não aplicar, poder sem distribuir, ter e não saber dar, receber sem saber doar. Hoje, o homem é comparado ao cão sem dono, mordendo o próprio rabo. A inteligência deveria conduzir a força de vontade na direção do expandir e não de se retrair, do crescer e não do estacionar, de libertar e não de oprimir, de educar e não de reprimir... entendeu, Galesh?*

— Não, Mestre, na verdade não entendi...

— Os homens se tornaram omissos diante de tudo. É a chaga da humanidade.

— Não, Mestre, não entendi...

— Pois bem — retomou Goh, pacientemente —, quando desenvolvemos a observação, além do ver e do aprender, absorvemos a exata proporção de tudo, bem como despertamos para as propriedades mais íntimas do observar. Por exemplo, nos elementos naturais, a profundidade, o volume e a quantidade. Na observação, todas as coisas se expandem no tempo e no espaço e, fazendo parte desse expandir, nós reencontramos a medida de tudo. Nossa força interna desperta, e o discernimento, filho pródigo do senso crítico, dá-nos a capacidade de avaliar, priorizar e desenvolver a habilidade e, em essência, de associar todas as coisas da natureza. Como consequência natural, desenvolvemos o refletir, que o homem também esqueceu. Portanto, Galesh, para os homens voltarem ao caminho natural e restabelecerem a força interna, terão que tomar atitude. Tomar atitude é um movimento essencialmente interno, que busca decidir, de vez, um caminho, o destino. Tomar atitude é decidir internamente, banindo a omissão para sempre, sendo resoluto nas decisões. É decidir por si mesmo, o tempo todo, para o bem do todo, tendo a coragem de viver e expandir, materializando as decisões tomadas através da ação consciente. É um movimento absolutamente interno de resolver seus próprios problemas, fazer as coisas com coerência, começo, meio e fim, organizando "por dentro" e por prioridade. É colocar os recursos da nossa inteligência para trabalhar, tomando a decisão de para sempre ser livre, alegre, entusiasmado. É encontrar

a sua dignidade. Com a tomada de atitude, o caminho se abre, a força interna ressurge e tudo começará a acontecer.

— Tomar atitude então... é tomar atitude?

— Internamente, Galesh, internamente, pois, se você não decidir internamente, lá dentro de você, tudo que for para fora será como o ninho de passarinho no bico da águia; como um sagui recém-nascido nas garras do abutre. Não haverá disciplina nem continuidade. É coelho no jantar da raposa, é peixe fresco nas mandíbulas do crocodilo.

— Mestre, sendo o tomar atitude um movimento interno, como transformar em realidade as decisões planejadas intimamente?

— O sol está a pique — disse Mestre Goh —, vamos descansar um pouco, observando que descansar, parar, recuar, e divertir-se podem ser grandes atitudes do agir...

O interior de uma grande caverna nos acolheu...

CAPÍTULO IV
QUARTO MOVIMENTO: AGIR

*É fazer o que tem que ser feito de maneira
planejada, organizada e disciplinada,
em qualquer tempo e em qualquer lugar.*

Agir é sair de cima do muro, com realizações, é "partir para a briga", é colocar em prática tudo o que você decidiu e planejou, internamente, com calma, disciplina e continuidade.

No *agir* existem posturas indispensáveis que são as vigas-mestras na sustentação da *força interna*. São elas: *credibilidade, pontualidade, disciplina, silêncio interior, alegria* e *continuidade*, que se conquistam com muito trabalho, persistência e vocação de aprendiz.

CREDIBILIDADE

É o resultado da ação coerente e da continuidade
de nossas atitudes.

Observamos que a credibilidade é um dos pontos fortes para despertar a *força interna* e uma ferramenta indispensável no *agir*.

É quando se diz e faz; promete e cumpre. Palavra é compromisso; jamais, em tempo algum, prometa algo que você já sabe que não vai cumprir.

Quando você promete, sabendo que não vai cumprir, sua *força interna* recebe os reflexos da dúvida, da incerteza e da insegurança, formando um clima que vai trabalhar contra ela. Muito mais grave ainda é prometer para enganar outrem, ou levar vantagens pessoais; enfim, por motivos de má-fé. Essa atitude é um golpe muito duro para a sua *força interna*, pois inibe e intimida a sua manifestação por tempo indeterminado, na exata proporção de suas verdadeiras intenções e interesses pessoais. Esse movimento interno de não cumprir o que prometeu exerce uma pressão desnecessária dentro de você, no *seu eixo interno,* que é resultado dos padrões aprendidos culturalmente e depende dos costumes, dos hábitos, das religiões, das artes etc., que, mantidos pela tradição, estabelecem o que é verdade e o que é mentira; o que é certo e o que é errado; o que altera o seu ponto de equilíbrio, confundindo o seu discernimento.

É importante entender que essa retração interna é involuntária e, quase sempre, inconsciente, mas seus efeitos serão sentidos através da insegurança, do descrédito e da solidão interna.

Quer medir sua credibilidade?

É muito simples.

Aproxime-se de seu marido ou esposa, filhos, vizinhos, parentes e amigos de trabalho e lhes diga:

— Estou passando muito mal hoje e...

Observe a reação. Se eles lhe telefonarem para saber como vai, preocuparem-se com você, oferecerem ajuda... ou, melhor: se de dez pessoas, sete lhe telefonarem, sua credibilidade está forte; se cinco, sua credibilidade está fraca; e, abaixo disso, trate de melhorar, a coisa vai mal.

Se você não sabe se vai cumprir, não prometa, não garanta o compromisso. Tenha coragem de dizer: "preciso de tempo para refletir, resolver as pendências; ainda dependo de terceiros"; ou: "ainda não posso fazer". Se não vai cumprir dentro do prazo combinado, avise antes e rapidamente. Não tenha vergonha de admitir: "não dá, não posso, não vou conseguir". É engano imaginar que a nossa credibilidade vai cair se eu falar, antes do prazo combinado, que não vai dar. Afinal, imprevistos são imprevistos. O que não pode acontecer é: "fulano, me desculpe por não ter cumprido nosso compromisso de ontem, você me perdoa?". Aí, sim, sua credibilidade já foi para o espaço.

CONCLUSÃO:
credibilidade é você dizer, modestamente, o pouco que você pode fazer em qualquer circunstância, e cumprir esse pouco.

RESUMINDO:
- jamais contrarie seu ponto de equilíbrio;
- nunca prometa o que não pode cumprir;
- teste sua credibilidade;
- jamais use de má-fé, no seu dia a dia;
- nunca se desculpe depois.

LEMBRE-SE:
no *agir*, sua *força interna* depende de credibilidade para manifestar-se e expandir.

PONTUALIDADE

Pontualidade é o ícone da elegância, resultado de honrar o compromisso assumido.

A pontualidade é outro ícone do *agir*. Ser pontual é um exercício de disciplina e organização. Para *agir*, você precisa estar disposto a superar-se. Pode não parecer, mas a pontualidade treina sua *força de vontade* e expande sua *força interna*.

Pude *observar* em minhas reuniões de negócios, principalmente na Europa, que chegar atrasado aos encontros é sinal de *status*, é ser importante. Alguns, por acaso, foram vistos dando voltas no quarteirão, desnecessariamente, só para encontrar-me com 10, 15 ou 20 minutos de atraso. Não precisavam tê-lo feito. Essas pessoas, com certeza, não conhecem a própria *força interna*, mas utilizaram a *força de vontade* para atrasar a um compromisso. Se soubessem ou conhecessem a *força interna*, seriam, naturalmente, pontuais. Desconhecem que, quando violam seus movimentos naturais, corrompem o seu *ponto de equilíbrio*. Todos sabem que chegar atrasado sem um motivo justo é errado. Sufocam sua *força interna* e buscam a infelicidade de graça, quero dizer, pagam pela infelicidade e pela tristeza do descrédito. Mas não importa, é o status que interessa. Ou não?

Em festas de casamento e aniversário é chique chegar por último, sem contar que, agindo desta forma, eu não preciso cumprimentar ninguém. A festa vai estar cheia, ninguém vai me notar.

Mentira! Eu queria mesmo era ser notado. Eu queria que todos me vissem chegando atrasado e viessem me cumprimentar. Essa auto-hipocrisia, essa vaidade tola, que me faz sentir o "rei da cocada", já inibe minha *força interna*. Eu posso mentir e enganar os outros, mas jamais a mim mesmo.

Querer chegar atrasado para ser notado é pura infantilidade. Esse tipo de carência ofusca minha *força interna*. Portanto, seja pontual em tudo e com todos.

CONCLUSÃO:
pontualidade é estar na hora certa, no local acertado, conforme combinado.

Resumindo:
- preste atenção no horário;
- jamais chegue atrasado voluntariamente a um compromisso;
- se algo justo acontecer, explique-se, mas não se justifique;
- atraso, sem um motivo justo, sufoca a *força interna*;
- não seja hipócrita e "carentão";
- a irresponsabilidade e o descompromisso comprometem a manifestação da *força interna*.

LEMBRE-SE:
no *agir*, sua força interna precisa de pontualidade.

DISCIPLINA

Disciplina é a arte de realizar e cumprir metas dentro do tempo e do espaço, em harmonia absoluta.

A *disciplina* é uma qualidade indispensável para o *agir*, para aqueles que querem o sucesso na vida e desejam expandir seu potencial criativo.

Aprendemos, através da tradição, que disciplina se aprende através de correção militar. É fazer tudo em tempo controlado e demarcado, com rigor absoluto, sem se importar com a realidade e com os limites internos de cada um. Seguindo esta lógica, o resultado final fica acima de tudo, inclusive do equilíbrio e da qualidade de vida das pessoas. Essa tradição tem trazido uma aversão pela disciplina.

A disciplina é feita de pequenos gestos; ela é a manutenção de nossos hábitos. Devemos exercitá-la o tempo todo, com elegância e nobreza. Como?

1. Organizando suas tarefas ou obrigações dentro de seu tempo e não o contrário. Se você organizar suas tarefas ou objetivos dentro do tempo que tem disponível, haverá equilíbrio para você e um limite para tudo.

2. Descobrindo a harmonia na execução de tarefas, até o limite em que você não fique como louco atrás do lucro. Se você for além dos seus limites, sem critério, sua *força interna* vai ficar inibida.

3. Fazendo seu roteiro de tarefas e colocando tempo para a execução. Coloque, primeiramente, só o essencial; adie as coisas sem importância ou menos importantes. As tarefas, quando realizadas desordenadamente, fazem com que a ansiedade se torne nossa conselheira e uma sombra de insegurança cai, tomando conta de nossa vida, causando: cansaço exagerado, erros primários e sem explicação, esquecimento precoce, estresse combinado com desleixo. Nossa vida se torna um inferno.

4. Fazendo tudo no seu ritmo. E qual é o seu ritmo? É aquele no qual você executa suas tarefas de maneira sequencial, organizada e bem-feita. Como raramente fazemos isso, teremos de nos reeducar e logo vamos descobrir como é bom identificar nossos limites. Fique absolutamente tranquilo, você chegará lá. Nossos limites serão superados naturalmente. É só fazer bem-feito o programado e planejado que o resto será fácil. Vamos vencer nossos limites e não romper nossos limites. Sacou?

Dicas para desenvolver sua disciplina, começando pelo simples:
- jamais deixe toalhas molhadas no chão;
- tire o sabonete da água;
- lave você mesmo a sua roupa íntima;
- arrume sua cama;
- não deixe as torneiras pingando;
- conserte o que estiver quebrado, troque o que estiver queimado;
- lave seu próprio carro;
- beije seus filhos e cônjuge;
- regue as plantas de seu jardim;
- cumprimente a todos, com gratidão interna e alegria;
- sorria sempre, mesmo quando houver dissabores.

Esses pequenos gestos vão movimentando as energias paradas e acabam com o comodismo. São as pequenas tarefas que estimulam a *iniciativa própria*, característica tão necessária para adquirir disciplina.

CONCLUSÃO:
disciplina é a ordem da ordem.

Resumindo:
- disciplina não é seguir o tempo todo a agenda, como o cachorro segue o osso, pois sempre haverá imprevisibilidades;
- não é uma quantidade de tarefas realizadas em curto espaço de tempo, mas sim, fazer bem-feito, no tempo e espaço, todas as coisas;
- é harmonia dentro do seu limite;

- é ordem, sem perder o controle de si mesmo;
- é fazer o que deve ser feito, com continuidade (começo, meio e fim);
- é manter-se higienizado; movimentando, o tempo todo, tudo o que está parado e que gera estagnação.

LEMBRE-SE:
para *agir*, sua *força interna* depende de disciplina.

SILÊNCIO INTERIOR

O silêncio é energia em expansão.

Silêncio não é ficar quieto ou calado. É falar, *agir* e pensar somente o necessário. Porém, fazemos o oposto. Quer ver?

- quantos *plim, plim* você faz pegando um copo?
- qual o volume de ruídos que você provoca, ao abrir uma porta ou janela?
- quantos "ai meu Deus, que moleza que estou hoje" você emite, ao levantar, ao ter que começar uma tarefa do dia a dia?
- quantas vezes você diz ou pensa: "Oh! Não! De novo!"?
- quantas fofocas ou intrigas, por telefone ou pessoalmente, você faz todos os dias?
- qual o volume de sua voz no telefone? É alta, excessivamente rápida?
- quantas reclamações você faz sem necessidade?

É isso que quebra o nosso *silêncio interior*, tira a nossa serenidade. Faz de você um chato de galocha, um resmungão e rabugento. Pare com isso! Seja discreto e silencioso. Pare com a bisbilhotagem. Tome a decisão de acabar com o fator inútil na sua vida. Lembre-se: pensamentos e expressões inúteis gastam energia que poderão fazer-lhe falta num momento decisivo da sua vida.

SILÊNCIO INTERIOR é aquele espaço reservado dentro de você, à prova de som, para relaxar e curtir você mesmo. É a banheira de água morna que envolve o seu corpo cansado e traz aquela enorme sensação de bem-estar.

Para ser assertivo no *agir*, economize energia, mesmo nos mínimos movimentos e pensamentos. O pensamento é material ativo e gastamos muita energia diária para produzi-lo, às vezes, desnecessariamente. Não percebemos, mas a energia gasta, fora do tempo e do espaço, fará falta nas decisões da vida. Imagine um automóvel, com o tanque cheio, andando o tempo todo, na descida, com a primeira marcha engatada. Depressa o tanque se esgota e poderá nos causar grandes transtornos, se o caminho for longo e sem posto de abastecimento. Assim somos nós: gastamos energia demais pensando, falando, discutindo, irritando-nos além do necessário. É de gota em gota que perdemos a serenidade e o controle de nós mesmos e emperramos o nosso *agir*.

CONCLUSÃO:
silêncio interior é o momento que, em contato com a *força interna*, encontro o conforto do bem-estar.

Como cultivar o silêncio interior, usando a força de vontade:
- evite reclamações;
- fale somente o necessário;
- eduque seus pensamentos, ocupando-se com coisas úteis;
- economize energia física, elétrica etc.;
- movimente-se sem desgaste, com calma e precisão;
- aprenda a falar, movimentar-se e *agir* em silêncio.

LEMBRE-SE:
agir em silêncio interior expande a *força interna*.

ALEGRIA

Alegria é o reflexo da nossa integração interior com o universo de soluções.

Gostaria de dividir com você que descobri, ainda jovem, em meus longínquos 20 anos, que a grande esposa do silêncio é a alegria. Se colocarmos na cama o silêncio e a alegria, acredite, haverá filhos maravilhosos, cheios de saúde.

Alegria não é rir como uma hiena. É um estado interior que surge quando você está integrado com você mesmo, ou seja, quando sua *força interna* e sua *força de vontade* estão caminhando juntas. Entretanto, é necessário trabalhar duro, pois este estado de alegria não é imediato.

Como sentir alegria?

Participe dos movimentos em sua volta, em silêncio e discretamente sorrindo, ajudando a todos; mas lembre-se: excesso de colaboração não ajuda ninguém, só atrapalha e cria ciumeira, intriga etc. Pare com isso! Ajude só o necessário e dentro do seu limite. E qual é o limite? *Observe*, *reflita* e descubra.

Envie e-mails, cartas, mensagens no WhatsApp, telefonemas rápidos, mas eficazes. Coisa simples, mas que, vindas de você, serão ótimas. Por exemplo:

— Feliz aniversário! Seja muito feliz;
— O neném chegou! Mil felicidades a você;
— Estamos felizes com seu matrimônio...

Encontre, todas as semanas, horários para fazer uma leitura, ir ao shopping, cinema etc. Mas lembre-se do sorriso discreto nos lábios, da companhia agradável, produtiva e da comida de seu gosto — pouca quantidade, é claro, para não engordar. A disciplina deve fazer parte do seu passeio e do seu lazer, sem que se perca, no entanto, a alegria.

CONCLUSÃO:
alegria é a conquista do equilíbrio entre a obrigação do fazer e o prazer de realizar.

Resumindo:
- você tem direito à alegria;
- alegria não é dar risos em excesso;
- alegria pode ser silenciosa e produtiva;
- seja alegre e a *força interna* cuidará de você.

LEMBRE-SE:
no *agir*, a *força interna* se expande com a alegria.

CONTINUIDADE

Continuidade é ter começo, meio e fim, com disciplina e alegria, em todas as coisas.

Existe um fator chamado *continuidade,* do qual, por falta de autoeducação e costume, nós nos esquecemos completamente. Sem ela, toda a nossa história pode se tornar duvidosa. Todas as nossas obras podem virar cinzas. A falta de continuidade em seus projetos de vida tem causado desastres na credibilidade de homens que se diziam grandes e famosos.

A continuidade é requisito vital no quarto movimento, pois será ela que garantirá o sucesso da sua reconstrução.

Não basta organizar-se, planejar-se, mandar fazer ou você mesmo executar, pois, se não houver *continuidade* no processo, esqueça; tudo vai por água abaixo. Todos nós costumamos subestimar o pequeno, o mínimo, o centavo, os detalhes. Em minha vida empresarial, familiar e social, pude assistir à ruína de muita coisa importante por falta de atenção aos pequenos detalhes, e a raiz deste problema é sempre a falta de *continuidade*. Não imagine você que tudo vai sair conforme planejado, mas você pode evitar o pior, jamais ignorando o fator *continuidade*, que é o cimento de toda a nossa construção. Ela nos traz respeito profissional e segurança pessoal.

Tudo na natureza tem uma sequência harmoniosa: começo, meio e fim. É o que chamamos de "cadeia circular". Todos os nossos projetos de vida, para serem credíveis e duradouros, exigem *continuidade*. Repito, ela é decisiva para o seu sucesso. Quando recuamos dos nossos ideais, sem motivo justo e verdadeiro, nossa *força interna* fica prejudicada, e o fracasso vem bater em nossa porta.

A *continuidade* traz alicerces para as nossas vidas, constrói a tenacidade, edifica-nos com solidez de caráter, reforça nossas fibras interiores, estimula a *força de vontade* e expande a *força interna*.

A *continuidade* vai exigir *disciplina* nas ações, persistência no tempo e ordem no espaço.

CONCLUSÃO:
continuidade é simplesmente construir todas as coisas com começo, meio e fim, administrando as adversidades.

Para vencer nossos limites, a *continuidade* será, de hoje em diante uma meta a ser alcançada.

Resumindo:
- continuidade é sempre ter começo, meio e fim;
- é persistir em nosso ideal;
- é ter disciplina, cumprindo de maneira bem-feita todas as fases, sem pular nenhuma;
- é ter ordem, prioridade e resolução;
- ela constrói o caráter, a tenacidade e as fibras internas;
- expande nossos limites;
- é resistir ao comodismo, à preguiça e à mesmice.

LEMBRE-SE:
para *agir*, sua *força interna* depende de continuidade.

Agora que já vimos quais as posturas simples que fazem do *agir* um ponto de equilíbrio, de conquistas e sucessos em nossa vida, vamos recapitular o que é o *agir*.

São muitos os projetos de construções sociais, de saúde, de educação etc. que, após muitos anos de terem sido colocados no papel, ainda estão mofando nas gavetas governamentais. Sabe por quê?

Foram atitudes sem ação, apenas sonhos sem bases, pretensões vazias, ideias sem planejamento e com cronogramas fora da realidade, desorganizados e sem prioridades. Não cometa o mesmo erro. *Tomar atitude* é ter decidido, internamente (no mundo das ideias), o que quer, e planejar, devidamente, no tempo e no espaço, a sua realização. Todo planejamento sem ação é sonho morto.

AGIR é materializar ideias em ações, com disciplina e continuidade.

Muito bem: agora é hora de *agir*, de seguir, rigorosamente, conforme o planejado. A *disciplina* e *continuidade* serão seus dois pontos de apoio. Muitas vezes será necessário ter flexibilidade no *agir*, pois nem tudo pode sair como o planejado. Com a prática dos três movimentos anteriores, você saberá quando terá realmente de flexibilizar-se. Lembre-se, flexibilizar não significa desistir, parar ou abandonar seu ideal de vida; significa recuar para replanejar e depois retomar. Você pode e deve ser um novo ser; imagine-se nascido de novo, com a experiência de hoje. Recomece quantas vezes for necessário. E acredite, a maioria dos grandes empreendimentos realizados no mundo começou com apenas um sonho, com uma simples ideia. As grandes fortunas e sucessos entre os homens começaram por pessoas como você. E sabe o que elas possuíam? Somente um ideal, e lutaram por ele, com continuidade. Você não nasceu fracassado, mas pode ter nascido sem ideal. Portanto, descubra o seu agora mesmo. Se não tem um, crie! Saia para a luta. Aja. Confie. Você pode realizar.

Quer ver como podemos *agir* e mudar a nossa vida?

Contarei a você uma história, onde identificaremos esse movimento. É a história de duas pessoas, como você e eu, que observaram, refletiram, tomaram atitude e agiram. Hoje, são pessoas de sucesso.

"Mimi e Cocó"

Caminhava pelo parque ecológico, em minha cidade, quando, surpreendentemente, fui abordado como um pintinho pelo gato:

— Dr. Paulo, Dr. Paulo — era Tereza, que há muito tempo eu não via. — Sabe a Mafalda? — e, acelerada, continuou: — Ela disse que sou mafiosa, perebenta e perereca.

— Mafiosa e perebenta é circunstancial, mas perereca? — redargui.

Tereza e Mafalda eram arqui-inimigas, em um dos clubes mais requintados da cidade; pessoas da sociedade, cujos clãs são famosos há décadas.

— Dr. Paulo, perereca é alguém que põe a mão onde não deve, ora bolas!

— Na tomada elétrica, por exemplo? — caçoei.

— Não, Paulo Zabeu, eu jamais poria as minhas mãos na tomada elétrica. Isso é coisa de louco; além do mais, dá choque.

— Onde, então? — perguntei, admirado, para Tereza, que, aos 50 anos, parecia carregar o mundo em suas costas.

— Não seja cínico, você sabe. É aquela pessoa que quando põe a mão no lugar certo, a hora é errada; e quando põe a mão na hora certa, o lugar é errado; quando põe a mão no lugar certo e na hora certa, a pessoa é errada; e, quando tudo aquilo está certo, tem um povo por perto olhando. Além do que — continuou — ela vive me provocando no meio do clube, fazendo fusquinha, mostrando a língua e fingindo de perneta. Tudo pra me provocar. Ainda na semana passada — acelerou — espalhou, por todo o clube, que eu sou mão de vaca, que devo e não pago... É... é tudo mentira, Dr. Paulo.

Tereza começou a choramingar, tentando me envolver no seu dilema, como se ela fosse uma pobre vítima injustiçada:

— Sabe, Dr. Paulo, a vida não é assim, a gente se esforça tanto para manter nosso nome... Viver de maneira isolada para não ferir ninguém... sniff... sniff... Tudo em vão... sniff... sniff.

É... Tereza continuava a mesma.

— Tereza — conciliei —, é muito estranho seu discurso... — Sua autopiedade era de dar dó.

— Por quê... Por quê? — Tereza me interrompeu, quase em prantos.

— Eu me encontrei com Mafalda, também, na semana passada, e ela me falou exatamente o contrário sobre você.

— Não acredito. Ela é falsa, mentirosa.

— Bem, vamos separar nossa conversa em dois momentos. Primeiro, eu falo. Segundo, fica pra você o ônus de acreditar ou não. — E continuei: — Mafalda recomendou você para fazer parte da diretoria. Disse que você é uma pessoa extremamente espontânea, fala o que pensa, é uma pessoa assídua e que se cuida muito bem...

— Ela disse isso?

— Sim, Tereza, e disse mais, que ela gostaria que sua amizade com ela fosse como antigamente, amigas de verdade, e que ela sente saudades de você, mas que, infelizmente, ela tem que responder a suas provocações; afinal de contas, ela é um ser humano e, de mais a mais, o amor é como uma cabeça de avestruz: sabemos que ele existe, mas temos vergonha de mostrá-lo.

Tereza parou no tempo. Não conseguiu emitir mais uma palavra. Sua voz, embargada pelo soluço incontrolável, balbuciou:

— Eu... também... Dr. Paulo, sinto saudades dela e... e... gostaria imensamente de reatar a nossa amizade como antigamente.

— Tereza, por que você não dá uma oportunidade para a Mafalda?

— Não sei, não sei, não sei...

— Ok, não perca oportunidade de conciliação. Você me promete?

— Sim, Dr. Paulo. Sim!

Após uma hora e trinta minutos de conversa, acalmei Tereza, apontando todas as suas virtudes, apesar da admiração dos transeuntes que se acotovelavam para ouvir nossa conversa. É... o ser humano é assim mesmo. A autopiedade de Tereza era tão grande quanto a sua agressão. Fazer-se de vítima aos olhos dos outros é uma das versões de incompetência de que as pessoas emotivas e extrema-

mente agressivas não se dão conta. São uns poços de suscetibilidade e não percebem o ridículo em que se transformaram.

Na segunda-feira seguinte, fui ao clube atualizar meu arquivo de informações e, é claro, por que não encontraria a Mafalda?

— Boa noite, Mafalda — cumprimentei com todo rigor.

— "Buenas noches", Dr. Paulo — respondeu-me com todo louvor.

— Noite bonita, não?

— Palhaçada, Dr. Paulo! Já sei de tudo. Já me contaram suas "peripécias psicologistas". — Mafalda me pegou na curva.

— Quais peripécias, Mafalda? — perguntei suavizando.

— Fiquei sabendo que sua carteira "confabulatória" está em plena turnê popular. Só não sabia que o senhor "padrecava" as melindrosas "clubianas". – Fiquei em silêncio absoluto, pois vinha mais...

— Tô sabendo que... que ... que... ôôô senhor está "cupidando", em caso linguístico, com minha boa "confrade" Tereza — Mafalda gaguejava, quando nervosa.

— Ah! Tereza, que bom que ela falou com você.

— O quê? Ela, confabular comigo? "Jamer, jamer"!

— Por que não? — indaguei surpreso.

— Aquela matraca, "pertubadeira" de salão, tem a cachola vazia. — Gíria era o forte de Mafalda. — Ela não consegue diferenciar um ovo de Páscoa de um ovo de galinha; um pato de uma galinha-d'angola; um feijão de uma melancia e...

— Mafalda — asseverei —, tenha cuidado. Você está sendo injusta com Tereza.

— O quê? Injusta? Bem que imaginei. Ela te contaminou e "quadradou" você, mutilando suas próprias ideologias.

Virei de costas para Mafalda e dei alguns passos em direção à rua, quando ela me chamou:

— Dr. Paulo, acho que estou "injusticeira" com você. Fale, "plise", fale.

— Mafalda, Tereza é melhor do que você pensa. Conversando, ela teceu comentários muito positivos sobre você. Disse-me que sente saudades e falou que gostaria de voltar a ser sua amiga. O que

aconteceu precisa ser resolvido entre vocês duas. Que tal enfrentar o problema, amadurecer e tomar a atitude de resolver a situação?

Vamos falar um pouco de Mafalda.

Ela tinha uma inteligência aguçada; entretanto, pecava pela falta de bom uso. Era invejada por ser mestre em palavras cruzadas. Festança era com ela mesma. Sabia enfeitar um salão de festas como ela só. Foi campeã de pingue-pongue por três anos seguidos. E campeonato de pipa, então, nem se fala! Ganhou também muitos prêmios por subir no pau de sebo. Tinha seis cães que adorava além da conta, a ponto de trocar os nomes dos filhos pelos nomes dos cães. Foi a maior confusão no dia em que trocou o nome de seu marido, Borges, por Boris; afinal, ele não sabia o nome de todos os cachorros de Mafalda. Era interessante como zelava pelos tapetes e sofás da casa, mas jamais se importou que os cães os pisassem, dormissem e fizessem outros que tais anti-higiênicos, que não tinham tempo de fazer no toalete canino, localizado no lado de fora da casa.

Um dia, um de seus cães adoeceu. Ela chamou um veterinário, e os cuidados adicionais ela mesmo fez questão de ter. Entretanto, quando seu filho mais velho adoeceu, ela chamou a avó do menino para cuidar do caso. Está certo que era só uma inflamação aguda no intestino grosso, mas...

Cada cachorro tinha uma coleira com o nome gravado, cada um a sua escova de dente, e as fêmeas na época do cio usavam calcinhas especiais sob medida. Os pelos eram tratados com talquinho especial que exalava perfume de bebê e a escova de pelos havia sido trazida especialmente da França, "La Ville Lumière", Paris.

Colocou todos os bichinhos em escolas de cães, onde de fato todos eles aprenderam a dançar o rock and roll, sob o ritmo das palminhas de Mafalda.

Em companhia dela, todos eles tinham pose e nas lojas de apetrechos pareciam conselheiros particulares. Era incrível como chamavam a atenção.

Mafalda, entretanto, não percebia a sua profunda angústia e frustração. Borges, simplesmente trocado pelos cães, foi embora, por abandono e solidão. Seus filhos preferiram a avó, e Mafalda... bem, Mafalda ficou sozinha; ou melhor, com os cães, é claro.

— Como, Dr. Paulo, retroceder no tempo e no espaço? — perguntou Mafalda, titubeante.

— É simples, retome de onde parou, que o tempo caminhará com você. Reconstrua o que ficou para trás e o espaço se reabrirá para sempre. Procure Tereza — continuei —, olhe bem nos olhos dela e diga simplesmente: "Tereza, vamos recomeçar?". Você terá feito a sua parte e deixe o tempo fazer a dele. O ônus da culpa, a partir deste momento, a ela caberá. Não tenha pressa. Faça tudo como se tivesse nascido agora, com a experiência de adulto. Esqueça o que você fez de errado, e comece certo agora. Lembre-se, comece com Tereza, pois você tem muito o que consertar.

Percebi, no espelho da memória de Mafalda, o tempo retrocedendo velozmente.

— Borges, meu querido. Michel e Andressa, meus filhos, o que foi que eu fiz? — Mafalda caiu na real.

Na semana seguinte, foi um alvoroço no clube de campo. Tereza e Mafalda conversando como amigas, desfrutavam de uma cerveja, quando passaram por mim.

— "Benvenito", Dr. Paulo! Desfrute as "geleiras" conosco — disse Mafalda, toda sapeca.

E, abraçando-me, puxou Tereza que, acabrunhada como uma menina, falou:

— Mama mia, né, Mafalda. Então é verdade: "amá, comê e coçá é só começá".

— É isso aí, uai — respondi, para finalizar.

É importante dizer que no *agir* é fundamental que possamos entender o universo das intenções. Por quê? Porque entendemos que o universo registra as intenções, e não necessariamente as ações, embora com o ser humano aconteça exatamente o contrário. Vemos apenas as aparências ou os gestos em si e esquecemos de avaliar todo o contexto envolvido nas situações, como o que vimos na história de Mafalda e Tereza. Vamos entender um pouco mais sobre isso.

O UNIVERSO DAS INTENÇÕES

Dizem: "de boa intenção o inferno está cheio".

Refletindo sobre isso, descobri que é um ditado fora de propósito, pois, se o inferno está cheio de bem-intencionados, onde estão os mal-intencionados?

CONCLUSÃO:
o universo, de fato, grava as nossas verdadeiras intenções, as boas ou as más; o céu ou o inferno, é por nossa própria conta.

Nosso mundo de contradições é imenso. Observamos que, às vezes, para dizer uma verdade é preciso dizer uma "não verdade"; mas, muitas vezes, quando falamos a verdade, pode ser uma mentira.

O universo anseia pelo bem de todos. Ele se movimenta de maneira coerente e suas leis eternas são imutáveis. Nós temos que nos adaptar às situações inesperadas que a vida nos apresenta. Minhas observações, por mais de 30 anos, levaram-me a concluir que *verdade é quando agimos de boa-fé e para o bem de todos*. É difícil definir coisas que só a consciência sabe discernir. No caso de Mafalda e Tereza, usei os recursos disponíveis para unificá-las e restabelecer a harmonia entre as duas. Utilizando a minha credibilidade, meus recursos de bons relacionamentos e a arte de administrar movimentos e pessoas, o universo veio em meu favor, pois elas jamais desconfiaram que foi um ato criativo que as reaproximou. A mentira acabou virando a verdade que as uniu. Vamos dar um outro exemplo, diferente do de Mafalda e Tereza, para entendermos melhor essa coisa de quando uma verdade é verdadeira e quando uma mentira é mentirosa.

Vamos imaginar um parente nosso com uma doença grave e sem nenhuma chance de cura:

PRIMEIRA VERSÃO

O médico entra no quarto rindo, para trazer alegria e, todo feliz, diz:
— Sr. Morunsbaldo, ah! ah! ah! Tenho uma notícia para lhe dar... ah! ah! ah! Não é boa, hein... mas para o senhor, ah! ah! ah! Não fará mesmo diferença, ah! ah! ah! Uma belíssima metástase o envolveu e babau, o senhor não tem cura, ah! ah! ah! Passe bem, senhor Morunsbaldo, ah! ah! ah! Passe bem...

SEGUNDA VERSÃO

O médico entra, com o semblante triste, chateado e em tom grave, diz:
— Sr. Morunsbaldo, sinto informá-lo que a sua doença está mesmo em metástase e em estado terminal. O senhor vai, sem sombra de dúvida, morrer. Sinto muito. Já tomei todas as providências necessárias, incluindo o comunicado à sua família, as flores e também o padre para sua extrema-unção. Seu tempo de vida é de no máximo 72 horas, boa noite.

TERCEIRA VERSÃO

O médico entra na sala; está calmo e sereno:
— Sr. Morunsbaldo, acreditamos que sua enfermidade é de difícil recuperação. Diante do quadro e dos recursos de que dispomos, no momento, a precaução nos recomenda dizer-lhe que as suas chances são poucas, porém não é um caso impossível. É nosso dever deixá-lo preparado para o pior — sorri discretamente, pede licença e sai.

Podemos concluir: os três falaram a mesma "verdade", o mesmo conteúdo e deram a mesma notícia. Pergunto: qual dos três falou a *verdade universal*? Foi aquele que aliviou o sofrimento, passou tranquilidade e uma dose, mesmo que pequena, de esperança ao paciente, afinal, ninguém tem nas mãos o destino alheio. Para o universo, o que importa é a verdade para o bem do todo. Portanto, a partir de agora, preste muita atenção: suas verdades poderão ser mentiras.

Resumindo: para utilizar os preceitos acima mencionados, há necessidade de:

- estar disposto a cometer erros e assumi-los;
- ter o discernimento que só o exercício da vida pode proporcionar;
- conhecer as pessoas e situações envolvidas;
- ser bastante moderado nas colocações e explicações;
- não esperar resultados imediatos;
- não querer troféus ou agradecimentos;
- ser natural e ter credibilidade com as outras pessoas;
- jamais provocar situações constrangedoras; administre-as se elas vierem até você.

Com certeza, em nossas vidas, já vivenciamos situações idênticas ou semelhantes a esta e, por isso, acho importante identificar os sintomas que nos impedem de *agir*, trazendo-nos um vazio profundo. Analisando ainda a história de Mafalda e Tereza, podemos entender que:

1. O desconforto da promessa não cumprida, de não dizer o que devia, ou de dizer o que não devia, criou um mundo só delas e, preocupadas com futilidades e coisas sem importância, encontraram a desocupação e o comodismo, que lhes trouxe o isolamento interno e a solidão.

2. A falta de cuidado com o marido e com a família foi criando buracos em Mafalda, que os tentava preencher cuidando, excessivamente, de seus cães, que nada poderiam fazer ou opor-se aos seus caprichos. Seus medos e sua insegurança interna eram tão grandes que, para não se expor, para não encarar a realidade, preferiu preencher o tempo com coisas fúteis e conhecimentos inúteis.

Outro condicionamento que temos que quebrar é o medo de errar, pois ele paralisa o nosso *agir*. O medo de errar nos imobiliza, pois aprendemos durante a nossa vida que não podemos cometer erros. Com isso, a nossa *força interna*, que sabe o que tem que ser feito e quer fazê-lo, permanece sufocada; começamos a sentir *insegurança*, *angústia* e finalmente vem a *depressão*. Assim, mais uma vez, ficamos engessados, sem *força de vontade*, para tentar mudar. Tudo se torna mais difícil.

Vamos entender um pouco mais a relação entre esses estados, que impedem o nosso *agir*, com a nossa *força interna*:

INSEGURANÇA

É o medo de se expor.

É a *força interna* pedindo socorro. A insegurança é o primeiro sintoma de que alguma coisa vai mal. A pessoa insegura nunca quer errar e sua autoexigência é grande. Não suportando a ideia do erro, não se expõe e não investe no novo, tornando-se limitada; com o passar do tempo, surge a baixa autoestima; considera-se menos que os outros, pois não utiliza sua capacidade produtiva, apenas por não querer arriscar. Quando a vida exige um pouco mais, pronto, está formado o quadro da insegurança e o de sua amiga inseparável, a ansiedade, que toma conta do pedaço.

ANGÚSTIA

É o primeiro sinal de depressão. Ela ocorre pelo acúmulo de situações conflitantes, informações desconexas, frustrações e perdas implodindo dentro de nós.

É a *força interna*, querendo caminho para se manifestar. A angústia, sintoma físico expresso por uma dor no peito, é o primeiro sinal da depressão. Ela pode ser resultado de um acúmulo de situações de conflito e pode manifestar-se em um momento aparentemente inexpressivo de sua vida.

Como já vimos, a mente é um armazém associativo que acumula tudo o que nela colocamos. Todas as nossas contrariedades e decepções, não refletidas, unificam-se, formando um grande núcleo central, carregado de inseguranças, de medos, de omissões, de raivas, de mágoas e de fracassos. A angústia é um aviso de que está na hora de parar e fazer uma revisão crítica e sincera consigo mesmo. Sugiro que você faça alguns questionamentos para evitar o estado de agravação:

- o que estou fazendo e não deveria mais fazer?
- o que deveria estar fazendo e não estou?
- quais valores ainda sustento, apesar das evidências de que já não me valem mais?
- algo ou alguém está fazendo com que eu me sinta agredido?
- estou vivendo uma situação que não compreendo? O limite é meu ou é do outro?
- estou precisando perdoar os meus próprios erros e os dos outros?
- meu passado me persegue?
- tenho medo do futuro?

Estas questões, se respondidas com profunda honestidade, poderão evitar que a angústia se torne depressão. Se você não encontrar a resposta de imediato, continue refletindo e praticando a observação, que o tempo, sem dúvida nenhuma, trará as respostas.

DEPRESSÃO

É a diferença entre o que você "está" (mental)
e o que você realmente "é" (força interna).

É a *força interna* exigindo caminho para se manifestar. O grau de depressão está na diferença do que você realmente "é" para o que você "está". A depressão não tem momento certo ou determinado para se manifestar; é o estado de angústia já instalado.

A depressão é o apelo da *força interna*, em um dos seus limites mais críticos de "hibernação", exigindo uma atitude sua para emergir, contrariando sua vontade e acomodação. Ela jamais surge de repente e, para chegar a esse ponto, já foram enviados a você, e de várias maneiras, dezenas de recados. Como? Através da insegurança, do medo inexplicável, da ansiedade involuntária, da intolerância etc.

Lembro-me de um caso, a partir do qual poderemos analisar a insatisfação interna. A *força interna* sufocada pode materializar-se em enfermidades, se não tomarmos as devidas atitudes que narro a seguir.

A difícil decisão de Peter

Em uma de minhas palestras, em 1991, discutíamos sobre mudança no estilo de vida, quando um jovem, recém-casado, no meio do discurso, sem mais nem menos, interpelou-me:

— Paulo Zabeu, posso fazer uma pergunta que está engasgada em minha garganta?

— Fala, Peter, fala. Não fique nessa agonia, pois, se infarto tivesse rosto, ele seria parecido com você. — Sorri, tentando suavizar.

Técnico em pesquisa e desenvolvimento, gordo salário, apesar de jovem e bem posicionado em uma empresa multinacional francesa, na área química, Peter vinha sendo assolado por uma angústia, aparentemente injustificada.

— Perdoe-me a abordagem infeliz — disse-me ele —, mas não suporto esse meu estado de insônia e irritabilidade constante, apesar de todo o dengo que a minha esposa, Nina, tem comigo.

O assunto da palestra, para um público de aproximadamente 100 pessoas, era sobre o estilo de vida moderno e sobre as mudanças nos padrões de comportamento que, num futuro breve, teriam que acontecer. As empresas não veriam mais seus empregados como seres mutantes, ou seja, "de dia pensam assim, à noite pensam assado". As empresas, para sobreviver, teriam de mudar suas relações de parceria e ideologia, utilizando metas claras e precisas, uma linguagem unificada e um programa de carreira, a longo prazo. Seriam necessários treinamentos constantes para adaptar os funcionários ao clima instável da empresa, contaminado pelos movimentos do mundo exterior, de fora da empresa. A mídia traz um universo de novidades à mente dos assistentes, através de estímulos desordenados e pouco educativos, causando problemas que interferem na postura pessoal e na performance profissional e familiar. Tudo isso faz do homem, hoje, um mutante em sua maneira de pensar, de agir, de falar etc. Perde-se o referencial e a estabilidade a todo instante, pois a insegurança física e psicológica de toda a família tem influência definitiva na vida profissional dos indivíduos; somada, ainda, ao problema do desemprego, que sempre nos assombra.

— Paulo Zabeu — disse-me ele —, se, apesar do ótimo salário, do cargo privilegiado, do sossego e da segurança no emprego, ainda assim, eu não estiver satisfeito, o que devo fazer?

Ele, Peter, esperava que minha resposta fosse: "Tenha paciência, emprego hoje está difícil. Aguarde, fale com seu chefe. Vá a um psicólogo, tome vitaminas, faça yoga, medite etc.".

Mas era notório que a angústia que aquele rapaz sentia não tinha ligação com pessoas, cargos, ou qualquer outra coisa que pudesse perturbar um indivíduo que, aparentemente, estivesse naquela situação; pude notar pela pureza do seu olhar, pela sua naturalidade, que tudo naquele rapaz era bondade e honestidade.

— Seu remédio é o mais simples do mundo — falei, na bucha.

— Como assim, Paulo Zabeu?

— Sugiro que você mude de emprego. Seja um gari, um carpinteiro ou qualquer outra coisa, mas mude de emprego. Sua força interna está implodindo aí dentro e, com isso, você poderá ter sérios problemas de saúde. É só uma questão de tempo e uma reação incontrolável vai aparecer em seu corpo, e não se sabe a gravidade, podendo chegar a um câncer, e espero que não seja em breve, para que você possa desfrutar, um pouco mais, da vida com sua jovem esposa. Sua força interna, Peter, está suplicando caminho e pedindo para você fazer o que você gosta, seguir suas tendências. A propósito, o que você realmente gostaria de ser?

— Professor — disse-me ele. — Amaria ser professor, mesmo que por um salário bem menor.

— Ora, então, seja professor...

Quando a palestra terminou, Peter saiu cabisbaixo, apoiado pela esposa. Algum tempo depois, fiquei sabendo que ele se tornara professor, em uma das universidades mais promissoras da região, onde recebeu uma bolsa de estudos para ir a Londres por um ano. Quando nos encontramos, feliz, abraçou-me e disse:

— *Paulo Zabeu, como está a minha força interna?*

— *Pegando fogo; a Nina que se cuide!*

— *Eu que o diga* — *disse ela.* — *Quero saber agora como fazer para amarrar esse homem ao pé da cama.*

Caímos na gargalhada. Por que as pessoas não são felizes e não expandem sua força interna? Simples. Desconhecem que, quando se preocupam em melhorar o seu estilo de vida, a sua força interna encontra a solução certa, no lugar certo e no momento certo; ignoram sua capacidade de superar seus limites.

LEMBRE-SE:
a depressão é um mecanismo emocional, utilizado pela *força interna***, para enviar a você alertas por todas as janelas e portas existentes na sua casa mental. Não espere mais. É hora de** *tomar atitude* **e** *agir***.**

ATITUDES DE APOIO AO AGIR

- não serei reprimido ou complexado;
- vou adquirir autoconfiança, coragem e, consequentemente, liberdade;
- serei respeitado como jamais o fui;
- serei mais ouvido, consultado e participante;
- serei livre por mim mesmo;
- ajudarei pessoas a serem livres;
- serei mais espontâneo e, consequentemente, mais admirado;
- terei serenidade pelo dever cumprido.

LEMBRE-SE:
erre, mas erre agindo para o bem do todo
(sempre de boa-fé, com vocação de aprendiz).

Aliás, nas histórias de Mafalda, Tereza e Peter, vimos que, através do *observar*, do *refletir*, do *tomar atitude* e do *agir*, que já havíamos praticado anteriormente, é possível reorganizar a vida e tornar-se mais consciente e produtivo. Mafalda e Tereza ficaram sócias em uma loja de tecidos e artigos femininos e, juntas, são voluntárias num hospital especializado no tratamento de câncer infantil. Peter, hoje, é um grande cientista. Todos são um sucesso e vivem plenos de realizações.

Bem, agora precisamos conhecer o quinto e último movimento; mas, antes, vamos acompanhar o Mestre Goh...

... A sombra fresca e acolhedora do interior da caverna, abrigou-nos até ¾ do dia. Nossos olhos ansiavam pelo agir de Goh.
Frágil como uma mosca era a minha força de vontade, que me movia para vencer os obstáculos dos caminhos, das montanhas e das florestas. Minhas energias se esvaíam, com grande rapidez. Por vezes, a fome e a sede me atormentavam o corpo físico. O que acionava minha força de vontade, que já estava além dos meus limites físicos e mentais? Eu queria voltar, ficar, já não tinha mais vontade para nada, mas, mesmo assim, eu caminhava em direção às montanhas, coroadas de branco pela neve e assoladas pelo frio galopante.
— É tua força interna. Esta te move, Hannã. Quando a força de vontade se esgota e tudo se esvai, a força interna vem em seu socorro, reabastece sua vontade e você vence os seus limites.
— Mas, Mestre — perguntei —, de onde sai essa força, o que a alimenta? Qual é a sua fonte?
— Você, Hannã, é cheio por dentro, apesar de tão frágil por fora. Você desenvolveu um lago de experiências, assimilou dados que o transformaram em um oceano de amor.
— Como isso foi possível, Mestre?

— *Agindo, Hannã. Você agiu mais que falou, observou mais do que viu, desenvolveu o refletir, prestando atenção em tudo, comparando dados, analisando acontecimentos naturais e secundários. Suas tomadas de atitudes foram educadamente construídas para o bem de todos. Você ainda é um ser natural. A sua força de vontade e sua força interna estão bem equilibradas e uma pode ajudar a outra.*

— *Quer dizer que eu já sei tudo?*

— *Longe disso, Hannã, longe disso; nem a eternidade te dará esse poder.*

— *Mas, Goh, eu não me lembro de ter observado, refletido e tomado atitude...*

— *São movimentos naturais — disse ele —, não necessariamente conscientes ou visíveis. Na cadeia de seus movimentos você os fez como todos fazem, ou fizeram, pois esses movimentos são encadeados pelas próprias leis da vida. É o exercício da consciência plena do ser. Aqueles que se confundiram pelos excessos da civilização perderam esses movimentos e ativam a força de vontade somente pela necessidade, pela obrigação de ter e desfrutar. A força de vontade está se esvaindo, pois ninguém consegue superar ou enganar a força interna para sempre. Estímulos externos são frágeis como a noite e venenosos como a serpente. O homem, agora, necessita de estímulo interno, que é o conhecimento dele mesmo! O que sou, de onde vim, para onde vou; é preciso romper a ignorância, a preguiça, o radicalismo, antes que seja tarde demais. A força interna só está esperando ser ativada para se manifestar.*

— *Quantos anos?* — *perguntei, imitando um furacão.* — *É o momento? É agora?*

— *Cada ser conquistou para si uma biblioteca própria de conhecimentos e virtudes. Essas aquisições vão determinar tempo e espaço necessários para se fundirem numa só. Podemos chamá-la estado de consciência.*

— *Qual a medida de cada um?*

— *A exata proporção de sua carência que promove a insegurança, a angústia e a depressão.*

— *Como medir a carência e a depressão?*

— Pelo nível de suscetibilidade, de melindres, de autopiedade, de revolta, de medo, de ira etc.

Notei que, naquele momento, meu raciocínio e agilidade tinham se multiplicado por mil.

— Por isso então sou feliz. Não sinto depressão.

— É possível, Hannã. Você poderá sentir insatisfação, mas ainda está longe da depressão.

— Mas posso ainda...

— Sim, Hannã, pode, mas acredito que você ainda está longe disso.

— Todos os que vivem na civilização têm carência e depressão? — indaguei curioso.

— A maioria sim, Hannã, ninguém foi feito para ser escravo do trabalho ou do dinheiro, da luxúria ou da gula, do poder e do sexo. Afinal, pra onde levará tudo isso se o que nos espera é só uma cova, além de muita ingratidão?

— Mestre, quais são os efeitos do agir?

— Bem, Hannã, que tal agora conversarmos todos juntos?

Olhei Mestre Goh. Ele me olhava sorrindo... Fiquei estarrecido, olhando nosso grupo. Galesh me olhava curioso, apesar de caminhar na frente de todos nós. Os outros três, de olhos fixos no caminho, não prestavam atenção na conversa.

— Que cara é essa, Hannã? Não sei se você viu um fantasma conhecido ou um conhecido fantasma — provocou-me Galesh.

O trocadilho de Galesh me fez tomar consciência de que meu diálogo com Mestre Goh tinha sido puramente telepático. Quando retornei meu olhar para Mestre Goh, ele, sábia e discretamente, ergueu a pestana esquerda e desviou seu olhar para a direita. Um misto de felicidade e descoberta infantil tomou conta de mim.

Merlin era um jovem coxo e vivia no silêncio o tempo todo. Nada o demovia de sua mudez. Prestava uma atenção de causar ciúmes aos mais atentos. Tinha tez escura e seus olhos grandes e estatelados pareciam uma fogueira no deserto. Seus cabelos, escondidos pelo turbante, não deixavam dúvidas quanto à sua origem: era marroquino. Tive a impressão, por um instante, de que Merlin *tinha ouvido tudo, pois, num golpe de gestos com palavras, atingiu nosso Mestre e interlocutor.*

— Se possível, Sr. Gü, gostaria que o senhor e Hannã saíssem do pessoal e fossem para o coletivo.

A voz de Merlin, apesar de suave e com sotaque afrancesado, parecia um trovão.

— E então, é possível ou devo procurar a minha turma?

É... de fato ele tinha ouvido tudo. Mestre Goh, como eu nunca tinha visto, caiu na gargalhada e, como um pai amoroso, desafiou Merlin:

— Merlin, para onde você iria: para frente, para trás ou para os lados?

— Sou exímio leitor das estrelas e acharia a porta da minha casa, como um coelho a da sua toca.

— Merlin, estaria você disposto a ensinar-me sobre as estrelas? Em questão de astronomia, sou tão cego como os homens da cidade grande.

Merlin, percebendo sua situação, respondeu:

— Senhor Gü, sei que o senhor foi professor de astronomia nas universidades por onde passou e é exímio conhecedor das estrelas, bem como do Sol e de todo o universo.

— Mas não para voltar para casa, Merlin, não para voltar para casa... — disse mestre Goh.

O olhar de Mestre Goh perdeu-se na imensidão do universo. Fizemos silêncio absoluto, inclusive Merlin, que percebeu que Mestre Goh falava das estrelas.

Mestre Goh, como se um desfile de moda estivesse prestes a acontecer, agitou a cabeça, esfregou as mãos, sacudiu a túnica, movimentou as pernas e então suavizou:

— Bem, vamos agir. — E começou: — Tudo na natureza é movimento e ação. Para isso, é necessária uma sequência harmoniosa e cíclica. Harmonia no tempo e periodicidade no espaço.

A simplicidade de Goh era inacreditável, tanto um inculto quanto um sábio entenderiam sua mensagem. Sua linguagem não dependia de palavras; nós o entendíamos pelo amor.

— Em tudo existe tempo e espaço, ação e reação, movimento e maturação, o nascer, o crescer, o morrer. Todos os movimentos da natureza têm começo, meio e fim. O dia tem a manhã, a tarde e a noite; o homem, as fases de criança, adulto e velho; a semente, a árvore e o fruto. Tudo se renova nas fases da vida. Esses movimentos são disciplinados e contínuos e têm um eixo central para que sigam em harmonia. Os planetas giram em torno do Sol; o formigueiro e a colmeia trabalham sob o comando da rainha; a árvore, pela semente; o homem, pela sua família e a família, pela sociedade. Deve existir sempre um eixo natural para que as coisas não se percam. — E, como querendo ativar nosso interesse, continuou Mestre Goh: — Existe ordem e disciplina em tudo o que é verdadeiro. Merlin, quantos órgãos, membros e células nós possuímos?

— Bem, Mestre, muitos órgãos, alguns membros e milhões de células.

— Os órgãos e membros são compostos de células, assim como todo o nosso organismo, certo? — arrematou Mestre Goh.

— Certo — adiantei-me, apressado.

— Estamos interligados por centros nervosos que anunciam todas as nossas ocorrências externas e internas. Se tivermos uma unha encravada no dedinho do pé, ou um calo, todo o nosso corpo saberá e sofrerá, certo?

— É bem isso, Mestre Gü — disse Merlin, com seu sotaque afrancesado.

— Numa orquestra sinfônica, apesar de todos os músicos serem exímios em seus instrumentos, o maestro e a batuta são essenciais para a harmonia do conjunto.

— Batuta, Mestre, o que é isso? — perguntou Galesh, que se matinha quieto até então.

— Podemos comparar a batuta ao câmbio dos veículos. Ele proporciona o equilíbrio entre o motor e a velocidade, a harmonia entre o tempo e o espaço do conjunto.

— Ah! Entendi... — disfarçou Galesh, que jamais havia dirigido ou andado em um automóvel.

Não querendo perder tempo com a batuta, Mestre Goh voltou à orquestra:

— Somos parte de uma grande orquestra cósmica, cujos sons e movimentos são ouvidos e acompanhados pelo universo. Assim como uma unha encravada ou um calo atrapalham o nosso caminhar, a força interna sufocada impede-nos de crescer e avançar. Somos um calo na sociedade, no mundo, e uma nota musical fora de tom na orquestra sinfônica universal.

Comecei a entender o espírito da coisa.

— Agir é colocar ordem e disciplina em nossa vida; é organizar nossas intenções com fatos e materializar, pela força de vontade, nossa tomada de atitude.

— Como fazer isso, Senhor Gü? — questionou Merlin, outra vez.

— Depois que tomamos atitude de deixar a omissão para sempre, nosso primeiro movimento deve ser o da organização; planejar e priorizar nossas ações por importância interna, pois sempre devemos ser transparentes conosco. Disciplinando o tempo e espaço para tudo e cumprindo o planejado, custe o que custar, de forma contínua, moveremos o mundo das ilusões. Choraremos as perdas daquilo que já tínhamos perdido e não sabíamos. A mente vai nos cobrar por tê-la deixado sozinha e sem companhia. Condicionamentos vão nos trair por um longo tempo. Os fantasmas das mentiras, que nós mesmos criamos, vão assombrar-nos por dias, meses; talvez anos. A falsa imagem que transmitimos de nós mesmos vai ainda nos perseguir, mas, lembre-se, não existem dois caminhos: é agir ou agir, se quiser vencer seus limites. E é agora. Não precisamos temer o passado, pois o melhor marketing de nossa imagem é a humildade de mudar. Agindo sem fazer acordos ou conchavos, seremos firmes e determinados. Cumprir o planejado até o fim é adubar a força interna. O fator continuidade, mesmo com erros e acertos, é que nos fará sóbrios e internamente estruturados. A força interna vai expandir de dentro para fora; seremos mais sensíveis: novos seres, edificados com lucidez. E esse novo ser, agindo, tornar-se-á unificado e autorrealizado. Agir é materializar ideias em ações, com

disciplina e continuidade. Agir — continuou Goh — significa acertar e errar, cair e levantar, avançar e recuar o tempo todo. No agir, é permitido errar, com a intenção de acertar. Agindo através da força de vontade, mudaremos nossas vidas, eliminando o medo, a opressão e os complexos; deixaremos de ser um calo ou uma unha encravada no sistema cósmico, transformando-nos em um eixo natural, assim como o sol, para os planetas; o maestro, para a orquestra; o câmbio, para o automóvel. Dizem que "querer é poder"; não acredito nisso. Querer sem agir é motor sem gasolina; agir, sem esperar, é motor com gasolina, mas que sem a faísca da ignição não pega nem no tranco.

— Depois de tudo isso, nós ainda temos que esperar? — falei desapontado e quase desacreditado.

— De fato, Hannã, é o mais difícil. O esperar dói mais, porém os frutos serão mais saborosos — respondeu Mestre Goh, aparentemente desanimado. — Vamos descansar, já é noite e estou muito cansado — completou, buscando a estrela maior.

Não tinha certeza, mas desconfiei que Mestre Goh estava, na verdade, muito cansado e não era o físico nem o mental, mas sim, um cansaço da alma, próprio dos sábios, que tentam ensinar as coisas sensíveis da vida espiritual para os seres humanos, porém, ninguém os compreendem. Vivem sós, mas sempre juntos de todos... Ele era forte como um tigre. Uma grande montanha de areia morna e nua serviu para nos aquecer na noite fria, que já havia chegado...

CAPÍTULO V
QUINTO MOVIMENTO: SABER ESPERAR

É ter a paciência necessária no processo de mudança e continuar trabalhando, aguardando os resultados de nossas novas ações.

Vamos agora ao mais difícil. *Saber esperar* é mais do que simplesmente esperar. Não é apenas ficar de braços cruzados enquanto vê o tempo passar. Você terá que esperar com sabedoria. E o que significa isso? Significa que, enquanto espera, deverá continuar trabalhando num contínuo *observar, refletir, tomar atitude e saber esperar*. Não necessariamente nesta ordem, pois a aplicação dos 5 Movimentos não é um processo linear. O que quero dizer é que toda mudança de comportamento e de postura exige um tempo de maturação. Quer ver? Você *observou* e descobriu que você "está" muito diferente do que você "é", ou seja, você está muito distante da sua realidade interior. Refletiu para entender onde estava o buraco, ou seja, porque você "está" tão diferente do que você "é" e como chegou a esse ponto. Tomou atitude quando decidiu internamente que teria que mudar *algumas de suas atitudes* e posturas, para ser o que você já poderia ser; então, planejou, com detalhes, os passos dessas mudanças. Agiu e colocou em prática tudo o que planejou com disciplina e continuidade. Agora chegou a hora do *saber esperar*.

Saber esperar porque, provavelmente, você mudará comportamentos e posturas que já faziam parte de sua maneira de ser. As pessoas que o conhecem e, na maioria das vezes, identificam-no por essas atitudes e posturas, já têm uma ideia formada a seu respeito. Mudar isso tudo vai levar tempo, às vezes muito tempo. Você terá que aprender a administrar as pessoas e as suas emoções, tais como: ansiedade, medo e insegurança, sem perder de vista a sua meta, que é *reconstruir você*. Sua *força de vontade*, através da disciplina, da continuidade e de sua determinação, será a ferramenta que despertará a sua *força interna*. Cultivando a alegria e o silêncio interior, certamente você conquistará de forma serena a autogestão.

SABER ESPERAR é ter continuidade no processo de mudança e acompanhar os movimentos com serenidade, administrando as imprevisibilidades.

Vamos fazer uma analogia para materializar o que estamos dizendo. Vamos supor que você está de mudança para outra residência. Como estão o sótão e o porão de sua casa? Imagine ter de pôr tudo para fora, escolher o que vai descartar, o que vai guardar e o que vai usar? Agora, vamos imaginar tudo isso, no dia de sua mudança, para uma casa mais econômica, porque você resolveu simplificar a sua vida e cortar as despesas.

Imagine a desordem, o amontoado de coisas para serem selecionadas, separadas e limpas. Você está assim neste momento. Sua mente armazenou dados durante muitos anos, guardou o que não devia, segurou o que não precisava, acumulou além do necessário ou faltou no essencial. Na prática do quinto movimento, o *saber esperar*, você terá que:

a) desfazer-se do que já não precisa mais: objetos, frustrações e mágoas;
b) desarrumar seu guarda-roupa e sapateira: buscar a simplicidade em tudo;
c) matar insetos e desinfetar as roupas: manter-se afastado das intrigas e do ócio;
d) tirar o pó dos móveis velhos: atualizar-se, modernizar-se;
e) colar o que está solto: reatar amizades que perdeu;
f) pôr fogo no lixo velho: o seu passado e os seus prejuízos;
g) fazer uma faxina mental: rever conceitos e reconstruir a vida.

A confusão está formada e é real. Sua vida poderá ficar, por um bom tempo, amarrada ao passado, pois, apesar de se livrar dos excessos, você ainda não convenceu ninguém e poderá ser visto, ainda, com a imagem de:

- coitado;
- suscetível;
- melindroso;
- feio;
- gordo ou magro;
- petulante;
- arrogante;
- vaidoso;
- desleixado;
- esquecido;
- outros adjetivos menos apropriados.

Você precisará de tempo para organizar e organizar-se. No *saber esperar*, você terá que exercitar a *força de vontade* pela *iniciativa própria*, e o *senso crítico* e a *criatividade* movimentarão sua *força interna*. No exercício de avançar e recuar, muitas vezes cometerá erros primários, mas, lembre-se: a natureza prefere um inexperiente errando a um sabichão que não faz nada.

Haverá também muito mais críticas do que você imaginava. Algumas pessoas poderão se afastar e momentos de solidão baterão à sua porta; o desespero, por alguns momentos, será seu vizinho mais próximo. A vontade de desistir será a sua sombra, e então... Vamos continuar?

Das duas, uma: se começar, não tem como parar. Se não começar, não terá como mudar. É assim mesmo: se pensou que era fácil, enganou-se. É simples, não fácil.

Como vimos, *saber esperar* não é ficar de braços cruzados. Então, como tornar o *saber esperar* mais produtivo para nós? Vamos falar um pouco de *vida produtiva*, mas, enquanto você espera, trabalhe refletindo nos seguintes pontos:

- somos todos aprendizes dos movimentos da vida;
- só aprendemos quando praticamos;
- no universo, valem as intenções e o resultado prático do que fazemos;
- tudo tem começo, meio e fim;
- a vida é um eterno recomeçar;
- você, apenas você, poderá mudar a si mesmo.

LEMBRE-SE:
você é capaz!

VIDA PRODUTIVA

É movimentar-se internamente, produzindo o tempo todo.

- Posso ser produtivo em um shopping, fazendo compras? Sim, posso. Comprando somente o necessário, sem exagerar na quantidade, na qualidade e no preço.
- Posso ser produtivo em uma festa? Sim, posso. Basta não comer como se fosse a última vez na vida, trazer serenidade e colaborar somente no que for necessário. Nada para fazer? Faça silêncio, pois nosso silêncio é movimento construtivo. É a *força interna* em expansão.
- Posso ser produtivo na cama, fazendo amor? Sim, posso. Vivendo intensamente os movimentos internos e externos, dando tudo de mim e fazendo o outro feliz.
- Posso ser produtivo, assistindo à TV? Posso. Observando e refletindo sobre tudo o que está acontecendo, aproveitando somente o que for útil para o meu crescimento.

Nossas observações e reflexões identificaram três níveis de ação nos seres humanos: aqueles que realizam suas tarefas com competência, sejam elas quais forem; aqueles que as realizam com eficiência; e aqueles que as realizam com eficácia. Para entender melhor, vamos às definições:

COMPETÊNCIA é realizar as tarefas de forma bem-feita, mas além do tempo e do espaço necessários.

EFICIÊNCIA é executar as tarefas antes do tempo previsto, mas à custa de desastres e prejuízos presentes ou futuros. Gastos de qualquer natureza, além do orçamento previsto, inclusive físico e mental.

EFICÁCIA é executar as tarefas dentro do tempo e do espaço, em harmonia absoluta. Execução em silêncio, sem desgastes ou gastos além do orçamento.

Agora que já conhecemos as ferramentas para mudar a nossa vida, devemos usá-las em todos os ambientes. Neste capítulo, mais à frente, gostaria de dar a você algumas dicas que, com certeza, irão facilitar a aplicação dos 5 Movimentos, especialmente do *saber esperar*. Mas antes gostaria que conhecessem Heribaldo, um bom exemplo de como não devemos conduzir nossas vidas; a antítese de uma vida produtiva. Afinal, aprender com os erros alheios também é virtude...

Heribaldo: a antítese do sucesso

Heribaldo é uma figura realmente muito engraçada, caricata, mas um caso sério. Quando chegava em nosso escritório, sabíamos que era ele, pois, além da Mercedes branca e reluzente aportando no estacionamento, a campainha era pressionada pela ponta de seu nariz adunco, que chegava sempre primeiro em nossa recepção.

Seu guarda-costas, para começar, quebrava coco na mão; em qualquer uma das mãos. Chama-se Mariano, descascava cana com os dentes e sempre almoçava por último — discretamente, para não ser surpreendido com a tigela, aliás, as tigelas, nas mãos. Era enorme, suas costas pareciam uma montanha de gelo, tinha 2,10 m de altura, seu pescoço era um lingote de aço e seus braços pareciam dois troncos de eucalipto. Em nosso primeiro bom-dia, fez sentir-me desprestigiado, como um pintinho abraçando um leopardo. E o mais engraçado é que, apesar de toda essa "sutileza" e tamanho, Mariano era educado e gentil. Apenas uma coisa não combinava: Heribaldo numa enorme Mercedes, e Mariano, um cara legal, simples e natural, logo atrás dirigindo um Corsa Wind.

Heribaldo era o contrário de Mariano. Sua carreira profissional tinha sido de pleno sucesso e seu nome foi publicado no livro dos mil homens mais bem-sucedidos no mundo dos negócios. Presidiu várias empresas multinacionais com maestria e esplendor. Seu português impecável o fazia parecer um alemão com sotaque espanhol. Os "ss" saíam primeiro que qualquer expressão, parecendo um pintassilgo em plena exposição. As bochechas inflavam como as de um escocês, tocando gaita de fole. Suas gravatas eram de tons fortes e únicos, os óculos de grosso calibre e o paletó completamente fora de moda. Os dois últimos botões da camisa, desabotoados, mostrando as gordurinhas e o umbigo desalinhado na vertical, faziam-no parecer um doutor com PhD, desenvolvendo a bomba atômica em 1937.

O contraste era total: por dentro, um professor de física quântica, com doutorado em português; por fora, um cientista aloprado, com o tom de voz e a postura de um verdadeiro urso polar.

— Dr. Paulo, muitíssimo prazer em revê-lo. Devo preveni-lo de nossa disciplina e pauta. Meu tempo hoje — aliás, como sempre —, está deveras e absolutamente preenchido. Na verdade, nossos assuntos pendentes não deverão ser retomados no período matutino. Gostaria de almoçar na velocidade da luz, para que possamos ter rendimento e produtividade faraônicos. Aliás, Dr. Paulo, tive problemas em minha última visita a seu headquarter. Seu staff, aliás, brilhantíssimo staff, assegurou-me um almoço que, só de lembrar, já me dá azia molecular, pois todas as partículas de meu corpo estremecem com a possibilidade da "repetitividade degustativa"; aliás, diga-se de passagem, não só foi bem-preparado como também bem servido. Hoje, pela alta quantia em dólar que terei de pagar-lhe, prefiro deliciar-me com um dietético sanduíche de pão com mortadela, com variedades de pepino e tomate e, de preferência, decorado com alface americana; o peixe assado de seu fornecedor — continuou Heribaldo — deixou-me embranquecido, tive que tomar antiácidos para apagar o incêndio estomacal e comer maçãs argentinas, para

acalmar a diarreia, provocada pelo excesso de licor com café, decorado com chantilly e finalizado com vinho do porto. Aliás, diga-se de passagem, a sobremesa estava cientificamente balanceada, pelo regime combinado de torta de morango e banana split. Uma delícia, Dr. Paulo, uma delícia!

A mente de Heribaldo parecia serra elétrica cortando peroba-rosa. Nem meus sinais com o dedo, sorriso torturado e feições de amargura conseguiam fazê-lo parar.

— Bem, após estes breves comentários, vamos ao que interessa — enfatizou Heribaldo. — Minhas empresas, aliás, minha holding, de fato, está catastroficamente sem vendas. A minha equipe está rebelde ao meu comando e custa-me, Dr. Paulo, confessar em público e com humildade: já não consigo controlá-la. Os mesmos rebeldes do chão de fábrica querem retalhar a hegemonia "diretória".

— Bem, Heribaldo, vamos analisar, cientificamente, o processo...

Heribaldo interrompeu-me nervoso, alterado e vermelho como pimenta.

— Dr. Paulo, ouvir-me-ia o senhor, por favor?

— Pois não, Heribaldo, fale.

— Comprovadamente isto é uma ingratidão muito grande para com aquele que lhes deu liberdade de ação. Não posso suportar essas humilhações. Não nasci para isso.

Heribaldo estaria nos contratando para elaborar o plano diretor e planejamento estratégico de suas empresas e a reorganização de sua vida pessoal e familiar, pois possuía 28 contas bancárias com o movimento de caixa negativo.

— É o cúmulo, eu pago o salário dessa gente. Eu comprei essas empresas falidas, garanti seus empregos; é uma bruta sacanagem — Heribaldo perdeu a compostura. — Saiba, Dr. Paulo, que o seu trabalho é a última esperança dessa gente. Se não der certo... babau, rua, desemprego.

Acalmando-o, pois, com 55 anos, já tinha três pontes de safena, uma trombose e era hipertenso, falei pausadamente:

— Heribaldo, não existe milagre. Teremos que conquistar a confiança de nossos parceiros. Para isso, vamos precisar de compromisso,

disciplina e continuidade. Pela absoluta falta de crédito bancário, trabalharemos em cima de faturamento e desconto de...

Não terminei, pois esbaforindo ele disse:

— Dr. Paulo, o senhor está sendo pago para resolver e não para filosofar.

Não havia sido contratado, muito menos recebido qualquer quantia.

— Heribaldo, supondo que eu aceite ser contratado por você, quando sairmos da operação, quem vai continuar no comando?

— Eu, é claro!

— E como você pretende fazer isso?

— Liderando meus líderes, ora bolas!

— O senhor pretende liderar ou comandar?

— Qualquer um dos dois, pois, no processo organizacional, o que resolve é o resultado.

— Você pretende mesmo continuar esse projeto?

— Sim.

— Heribaldo — falei gravemente —, se o senhor não resolver organizar sua própria vida e de sua família, nada vai dar certo. — Ele era casado pela segunda vez e tinha três filhos com a primeira esposa. Continuei: — A disciplina começará com você. Primeiro: horário de chegada e saída na empresa. Chegará às 6h45 e visitará, pessoalmente e diariamente, cada setor, departamento e área. Segundo: atenderá pessoalmente os fornecedores, visitará os gerentes de bancos e clientes preferenciais. Terceiro: fará reuniões diárias com a produção e com o faturamento, realinhando as contas a pagar com o financeiro. Quarto: pedirá o afastamento de seus filhos, esposa, sobrinhos e parentes em geral da empresa. Quinto: reduzirá seu "pro labore" pela metade. Sexto: visitará o sindicato, respeitando a categoria como parceira e não como inimiga. Sétimo: estudará com critério corte de pessoal, e cortará as despesas em geral em 40% já no primeiro mês. Oitavo: seguiremos, religiosamente, normas e procedimentos na empresa, bem como o planejamento estratégico, tendo como prioridade salários e despesas operacionais. Nono: cortará suas despesas pessoais em 50%,

bem como a de suas "esposas" e filhos, que deverão procurar emprego em outro lugar. Décimo: fará exercícios respiratórios, que lhe ensinarei, e também exercícios de relaxamento natural, e praticará yoga três vezes por semana; reduzirá sua alimentação e melhorará sua qualidade de vida. Você está muito gordo e sem regime alimentar.

Heribaldo parou desolado, esperando conforto que nunca chegou; então avancei:

— Como disciplina pessoal, você vai fazer o seguinte: além de vender sua Mercedes para pagar o salário em atraso dos funcionários, você deverá:

a) lavar suas cuecas e suas meias todos os dias;

b) pendurar suas toalhas no lugar adequado;

c) jamais demorar mais de dois minutos embaixo do chuveiro;

d) nunca deixar sabonete na água ou na umidade; 50% a menos de pasta de dente na escova. Qualquer coisa fora isso, será crime contra a economia popular;

e) arrumar sua cama diariamente, bem como pendurar suas roupas reutilizáveis em seus devidos lugares;

f) assegurar que o gasto de água, luz e telefone sejam replanejados para 50% a menos, a partir de hoje;

g) reduzir, militarmente, as despesas de uísque, vinho, queijos e outros benefícios da categoria, tais como: jantares, cinemas, lanches e outros "que tais" mais dispendiosos — porque Heribaldo comia de tudo. De tudo mesmo;

h) aprender a respeitar trincos e maçanetas das portas de sua casa, bem como o de sua geladeira, tendo o mesmo cuidado de uma galinha chocadeira;

i) por último, corte vertiginoso no cafezinho e cigarro, já. E, caso o senhor não queira seguir nossas recomendações, tudo será em vão. Nossos programas são muito caros e não vamos trabalhar por menos.

Heribaldo, estupefato, só teve tempo de dizer:

— Como assim? Explique-me tecnicamente.

— Heribaldo, do couro sai a correia; da gota d'água, a tempestade; da faísca, a fogueira; da economia, o investimento. Você não acha?

Perdi o cliente para sempre, pois, saindo da minha sala sem dizer uma palavra, Heribaldo nunca mais apareceu. Não me preocupei, pois, como um empreendedor, aprendi a saber esperar. É sempre assim: gostamos de falar e mandar, na mesma proporção que não gostamos de ouvir e obedecer.

Poderíamos dizer que o ser humano, basicamente, divide sua vida em duas partes distintas: a vida pessoal, que inclui a família, o lazer, o trabalho voluntário; e a vida profissional. Engano pensar que podemos ser uma pessoa diferente em cada uma destas partes; somos o que somos, não importa se na família ou no trabalho, e devemos manter coerência nas atitudes, pois é isso que nos torna indivíduos credíveis. Nas diversas situações a que somos submetidos, podemos até ter comportamentos diferenciados, mas a nossa essência, os nossos princípios e a nossa conduta ética devem ser os mesmos. Assim sendo, podemos unificar nossas atitudes e sermos produtivos.

Outro ponto na história de Heribaldo que vale a pena ser comentado é que ele era apenas um empresário e pai de família igual a tantos milhares, que não perceberam que os tempos mudaram e que a visão do novo empresário deveria ser a de um empreendedor, e a visão dos pais, a de serem mais amigos e companheiros dos filhos e não seus advogados ou promotores.

Abro aqui um parêntese para dizer que entendemos que ser empresário ou empreendedor não se restringe apenas ao campo profissional. Você pode ser empresário de seus negócios, mas, sem dúvida nenhuma, deve ser um empreendedor em sua vida pessoal. Sugiro que você transfira esses conceitos filosóficos profissionais para as esferas pessoal e familiar. Sua família é uma organização, sua esposa colaboradora e sócia, seus filhos parceiros e credores; seu salário é a receita, os gastos da casa são as despesas, e o imposto de renda, o balanço contábil. Tudo funciona como uma empresa. Ou você acha que não? A grande sacada, entretanto, está em entender os dois processos como um empreendimento, mas jamais fazendo da esposa uma secretária e, dos filhos, empregados. A administração para se obter o sucesso é a mesma, mas as posturas podem ser diferentes.

Interessante, não? Bem, o *saber esperar* é uma característica muito forte do empreendedor. Para que não restem dúvidas, vamos agora diferenciar empresário e empreendedor.

EMPRESÁRIO X EMPREENDEDOR

Observe o quadro a seguir:

EMPRESÁRIO	EMPREENDEDOR
Põe e tira	Investe e desfruta
Quer lucro rápido	Investe no futuro
Quer tudo e todos prontos	Investe em treinamento, o tempo todo
Exige retorno imediato	Espera retorno seguro
Sempre manda fazer	Faz, ele mesmo, sempre que necessário
Fala mais do que ouve	Ouve mais do que fala
Cobra resultados, depois avalia	Avalia resultados, depois cobra
A equipe é de trabalhadores	A equipe é de colaboradores
A equipe só funciona com pressão	A equipe é ativa e unificada
Os interesses são apenas financeiros	Todos possuem o mesmo princípio ético
Trabalha-se pelo emprego e pelo salário	Trabalha-se pelo mesmo ideal
É sua a liderança, e é ele quem manda	É seu o comando e delega
Frio e calculista	Enérgico e estrategista
Impaciente e burocrata	Exigente e administrador
Complicado e desorganizado	Simples e disciplinado
Quase sempre acomodado	O tempo todo em movimento

Pois bem, a primeira regra de um empreendedor é saber administrar pessoas e recursos. Não entendo como um empreendedor somente aquele que tem como responsabilidade a tarefa empresarial, mas todo aquele que, por força de crescimento interno e externo, tem por obrigação ser produtivo como pessoa, como pai de família, na política, na comunidade etc. Os 5 Movimentos foram desenvolvidos para todos, em qualquer circunstância produtiva da vida.

Como administrador de pessoas e de recursos, concluí:

Administrar é incorporar os recursos disponíveis de maneira produtiva e reunir os recursos individuais no produto final, utilizando para isso o gerenciamento. É somar tudo antes e dividir depois, dando a cada um sua parte justa e participativa.

Heribaldo, como pudemos ver, nada tinha de empreendedor, pois para sê-lo e comandar a sua própria vida tinha que ser eficaz, como já definimos anteriormente.

Sempre, em toda e qualquer atividade, seja ela profissional, pessoal, familiar, comunitária, devemos buscar a eficácia: ser eficaz é ser produtivo o tempo todo. Para isso, é necessário desenvolver 3 princípios propulsores da humanização:

INICIATIVA PRÓPRIA

É desenvolver a capacidade de fazer, a qualquer tempo e em qualquer situação, aquilo que tem que ser feito.

Para desenvolvê-la:

- ser direto e objetivo;
- ser organizado e planejado;
- ter disciplina;
- fazer, você mesmo, o que tem que ser feito;
- estar no comando o tempo todo.

SENSO CRÍTICO

É desenvolver a capacidade de avançar e recuar, exercendo as virtudes e o conhecimento.

Para desenvolvê-lo:

- atender as prioridades sem distinção ou preferências pessoais; fazer o que tem que ser feito;
- cortar seus próprios privilégios sempre em primeiro lugar;
- avaliação constante;
- integrar-se a tudo com sinergia;
- ter espírito empreendedor.

CRIATIVIDADE

É a capacidade de criar, do nada, os recursos necessários para solucionar problemas, utilizando o tempo e o espaço mínimo disponíveis, equacionando o nosso dia a dia.

Para desenvolvê-la:

- ter *memória conectiva*;
- buscar informação específica o tempo todo;
- simplicidade nas ações e coerência nas atitudes;
- reciclar-se;
- assumir suas próprias ações e as da sua equipe.

A prática dos 3 princípios nos levará à eficácia que, como vimos, é sinônimo de ser produtivo com precisão absoluta.

A triste verdade é que, como o Heribaldo, as pessoas não querem mover-se, por quatro motivos básicos:

1. Acham que não precisam mudar e que já sabem tudo, conhecem tudo; renovação e reciclagem são bobagens, e tudo "é a mesma coisa".

2. Acham que a vida profissional, familiar e pessoal está estável e se acomodaram, pois consideram que não precisam mais acompanhar as novidades, que hoje são inúmeras.

3. Acham que tudo é complicado, difícil, cheio de regras, métodos, sistemas, processos etc., desprezando sua capacidade de aprendizado.

4. Não sabem esperar.

Se você se enquadrou em qualquer uma das quatro situações, reaja! Não seja um Heribaldo: saia da estagnação e mova-se!

Analisando as reclamações, muitas vezes explicáveis, mas não justificáveis, dos "Heribaldos" da vida, resolvi dedicar parte deste capítulo para pequenas dicas. As dicas abaixo, se seguidas com a aplicação dos 5 Movimentos, tornarão você imbatível. Seu sucesso em qualquer ambiente, especialmente o profissional, será certo. Então, vamos lá! Como diz a canção composta por Paulo Vanzolini: "levanta, sacode a poeira e dá a volta por cima". Já!

Existem duas dicas que acho importantes para o seu desenvolvimento: como realizar reuniões produtivas e como tomar decisões.

COMO REALIZAR REUNIÕES PRODUTIVAS

Podemos e devemos tornar as nossas reuniões profissionais, familiares e particulares produtivas. Como?

- preste atenção e observe tudo, pacientemente;
- reflita se o que está sendo discutido é pertinente, se você faz parte da solução ou do problema;
- não interrompa o interlocutor;
- para falar, sorria e, delicadamente, levante somente o antebraço;
- não crie conflitos se os assuntos forem contra a sua maneira de pensar, pois, se você foi convocado, é para ajudar no visível e no invisível;

- se você é conhecedor do assunto em pauta, apenas exponha suas ideias sugerindo e aconselhando, jamais impondo;
- na dúvida, solicite tempo para *refletir* um pouco mais;
- anote tudo o que for importante para suas conclusões;
- jamais deixe suas emoções falarem por você: pessoas emocionadas falam mais do que devem; mantenha a elegância e a discrição;
- questione delicada e calmamente todos os pontos obscuros;
- não imite as decisões dos outros apenas por simpatia: questione, se não estiver de acordo, mas aceite as evidências;
- diga "não sei" francamente, mas não enrole, e não se omita.

LEMBRE-SE:
a omissão é um estado de consciência reduzida,
ou *força interna* empacada.

Após esses passos, faça uma conclusão e assuma com todo grupo o resultado da reunião. Todos podem errar, mas ninguém tem o direito de se omitir.

LEMBRETES:
- respeite sempre o telhado que o acolhe;
- vista-se sempre a rigor, se a reunião for importante;
- ao entrar, espere ser convidado a sentar;
- não se esqueça do sorriso, mesmo amarelo;
- inicie a reunião.

COMO SE PREPARAR PARA DIRIGIR OU PARTICIPAR DE REUNIÕES

ANTES:
- planeje — por quê, como, com quem, com o quê, onde e quando fazer a reunião;
- elabore e distribua previamente a pauta;

- prepare o material e o local;
- tudo deve ser limpo e simples;
- confirme a presença de todos os envolvidos;
- ao falar da pauta, sorria discretamente, suavizando os problemas sem ocultá-los.

DURANTE:
- cumpra os horários de início e término;
- utilize, sempre que possível, um registrador ou auxiliar;
- mantenha as discussões dentro do planejado, e nunca saia da pauta;
- evite interrupções;
- incentive e questione os participantes;
- busque soluções conjuntas, para que todos participem;
- no resumo deve constar apenas a essência, não a forma;
- releia o resumo da reunião e observe se todos estão de acordo;
- no final, avalie a reunião;
- evite fechar as portas: as decisões honestas não precisam ser ocultas.

DEPOIS:
- acompanhe e divulgue o andamento das decisões tomadas na reunião;
- disponha-se a esclarecer mal-entendidos;
- simplifique e, pacientemente, ajude os que não entenderam;
- tudo deve ser simples e cristalino.

LEMBRE-SE:
as dicas acima, embora sejam de cunho profissional, podem e devem ser adaptadas para as nossas reuniões particulares e familiares.

COMO TOMAR DECISÕES

Você já parou para *observar* que a vida nos chama a tomar decisões a cada minuto de nosso dia? Em função da correria cotidiana, e com o intuito de tomar decisões acertadas, é essencial entender que devemos estar no comando, pelo menos de nossa própria vida. E o que isso significa? Bem, falar sobre esse assunto já daria material para um novo livro, pois comandar a própria vida é o mesmo que dizer *faça você mesmo o seu destino*. Mas, de uma maneira bem resumida, comandar a própria vida significa:

1. comando de sua própria mente, tornando-a flexível, disciplinada e obediente;

2. controle de suas emoções, eliminando a impulsividade e a omissão e administrando seus sentimentos e suas carências;

3. assertividade em suas ações, encurtando o caminho para todas as coisas sem perder a qualidade e o amor pela nossa vida e pela vida dos outros.

Em minhas experiências por todas as partes do mundo, encontrei líderes e comandantes em todos os níveis da sociedade, desde o mais pobre até o mais rico, do mais inteligente até o mais inculto, do mais simples operário até os mais poderosos entre os homens.

Vamos entender agora a diferença entre líderes e comandantes, tão confundidos nos dias de hoje, a ponto de nos fazer crer que não vale a pena conduzir pessoas e negócios. Para diferenciá-los, comece a *observar* o seu entorno e a identificar onde você trabalha, em sua família e nos filmes, as diferenças entre os personagens de destaque, aqueles que estão sempre à frente de qualquer situação, e tudo será mais fácil. Você verá que o princípio é sempre o mesmo para administrar pessoas ou conflitos. O que muda é a maneira de gerenciá-los, bem como os resultados que, como consequência, serão diferentes. A prática dos 5 Movimentos nos transformará em comandantes. O *saber esperar*, além de essencial nesse processo, é o movimento mais importante, pois a arte de comandar jamais terá fim.

LEMBRE-SE:
quanto maior a consciência de si mesmo e do universo, maior a nossa responsabilidade com o todo.

LÍDER X COMANDANTE

Veja no quadro a seguir as características de cada um deles:

LÍDER	COMANDANTE
Fala o que pensa	Fala o que reflete, reflete o que fala
Promete, mas nem sempre cumpre	Raramente promete, mas, sempre que promete, cumpre
Só pensa em si	Pensa no todo
Impõe a liderança	É escolhido pela maioria, naturalmente
Quer sempre ser o chefe	Assume e distribui responsabilidades
Nunca aceita a derrota	Espera o tempo passar
Jamais recua	Avança e recua com a mesma autoridade
Inquire	Questiona
Sempre sabe tudo	Está sempre aprendendo
Jamais diz que não sabe	Quando não sabe, pergunta

Faça uma avaliação de você mesmo como indivíduo, pai ou mãe de família, empregador ou político. Cada item vale um ponto. Descubra o quanto você é líder ou comandante. Seja honesto, hein!

RESUMINDO:
- líder tem força de vontade e brilha; comandante tem *força interna* e ilumina;
- líder tem magnetismo; comandante tem luz;
- líder tem apenas conhecimento; comandante tem sabedoria.

Sem dúvida alguma, os líderes de hoje devem se esforçar para serem os comandantes de amanhã.

Finalizando, darei algumas dicas para tomarmos decisões e sermos um bom comandante, em qualquer ambiente de nossas vidas:

- se não sabe, informe-se: consulte quem conhece;
- cheque as informações com fontes diferentes;
- as opiniões deverão ser claras e coerentes;
- não tome decisões sob pressão;
- observe se as opiniões emitidas não são tomadas pela *emoção*;
- faça perguntas, esgote o assunto;
- concentre-se em sua tarefa;
- a sua opinião pode modificar toda uma situação;
- anote tudo o que for importante para a sua decisão;
- as decisões do grupo deverão ser sempre para o bem de todos;
- não tenha medo do "não" como resposta;
- quando chegar a sua vez de decidir, decida tranquilo, com precisão e simplicidade;
- interesse-se pelo assunto e cheque em mais de uma fonte se as informações fornecidas são corretas;
- você é um comandante? Aja como tal.

LEMBRE-SE:
as dicas acima também podem e devem ser adaptadas para as suas decisões em qualquer ambiente de sua vida.

Como pudemos *observar*, conseguimos uma vida produtiva com muito esforço e tempo. Temos que fazer a nossa parte e *saber esperar* que as pessoas à nossa volta absorvam as nossas mudanças, respeitando o limite de cada um, sem deixarmos de *agir* e crescer. Cometemos o erro primário de achar que podemos mudar as pessoas somente pelas nossas palavras, quando, na verdade, podemos mudar somente a nós mesmos. Daí, você pode me perguntar: mas de que adianta eu mudar, se ninguém mais se preocupa com isso? As coisas não ficarão do mesmo jeito? Errado. O seu movimento provocará o movimento nas pessoas. Somente os exemplos podem levar um amigo, um pai, uma mãe, uma esposa, um filho etc. a tomar consciência de que é possível mudar, de modo a tornar a vida melhor, mais feliz e produtiva para todos.

LEMBRE-SE:
o mundo já tentou tudo o que é fácil e não deu certo. Criaram-se fórmulas mágicas, sem resultados permanentes. Agora, queremos fazer de você um artista; o mais famoso dos artistas. Aquele que esculpiu da pedra bruta a verdadeira sabedoria e que tirou do cascalho o mais brilhante dos diamantes. Não existirá máquina ou tecnologia para mudar a sua vida. Só você conseguirá. Na prática dos 5 Movimentos, você é o motivo mais valioso do mundo e, mesmo assim, tudo isso ainda não será o suficiente, pois, acima de tudo, haverá um ingrediente que será impossível ultrapassar. É o tempo, é... o tempo.

Agora, vamos retornar na jornada do Mestre Goh...

***

... *Amanheceu. Nossos corpos estavam gélidos pela noite fria, que acabara de perder as estrelas para o sol da manhã.*

Mestre Goh, como sempre, já estava em pé, disposto e olhando para todos nós como um guardião da noite. Todos os cinco estavam trêmulos, trincando os dentes e tentando aquecer as mãos sob o manto espesso. Com seu modo pausado de falar, disse-nos:

— Hoje, não temos raízes nem chá. Apenas água fresca para o banho e uma longa jornada até nosso destino. Portanto, vamos evitar conversas desnecessárias e poupar nossas energias.

Não muito longe, encontramos uma aldeia minguada, que nos forneceu pão e um pouco de leite de cabra, e continuamos até ¾ do dia.

Aquela tarde de sol oriental estava tórrida e impiedosa. Paramos nas proximidades de uma fonte para nos refrescarmos do pó da estrada em que havíamos acabado de passar. Resolvemos desfrutar de uma rara e frondosa árvore que, cheia de frutos, oferecia fartura, sombra e água fresca.

Com tristeza, perguntei ao Mestre Goh, que enxugava os pingos de suor de seu rosto cansado:

— Mestre, nosso caminho ainda é longo?

— Sim, Hannã, ainda é muito longo. Nosso caminho vai para além dessa vida.

— Não, Mestre — redargui. — Quero saber deste caminho que estamos percorrendo, pois, nesta etapa de nossa caminhada, pude observar maior aridez, parecendo que aqui a natureza luta para sobreviver e, diante desse cenário, nossa caminhada parece ser ainda mais difícil.

— Hannã, você deve entender a natureza como um todo e sem a interferência dos homens. Os movimentos da natureza são harmoniosos, perfeitos, e nela nada se perde, tudo se transforma. Assim sendo, tudo tem sua função no ciclo de renovação de todas as criaturas vivas.

— Gostaria de saber mais sobre este ciclo de renovação.

— Veja as árvores, por exemplo, elas morrem para fornecer a lenha que te aquece do frio quando o inverno chega, a madeira para seus móveis, o lugar para as outras sementes...

— E os animais? — redargui.

— Para conduzir o homem ao elo da razão, sacrificam suas vidas em prol da civilização. Eles equilibram entre si a natureza inferior, sendo instrumentos de progresso natural e aprendizagem essencial. Nos movimentos da natureza estão as escolas, onde ninguém se matricula, mas todos podem frequentar.

— E o homem, por que morre?

— Hannã — com paciência, ensinou o sábio —, o homem sempre se renova, renasce em si mesmo e evolui para a luz da eternidade.

— Por que a morte? — interpelei.

— Porque para toda conta existirá um saldo, para todo ajuste existirá um débito, e para todo o bem existe o crédito, sem o qual o homem seria nau sem rumo. Lembre-se, toda causa tem efeito. Necessidade há que morra para que você também se renove, Hannã.

— Mas, Mestre, não poderíamos existir para sempre?

— Você existirá, Hannã, existirá, mas, se você permanecesse para sempre aqui, não seria sábio nem anjo, apenas homem.

— Morrendo, serei anjo ou sábio?

— Nem anjo nem sábio, apenas alma, Hannã.

— Perdoe-me, Mestre, você é sábio e eu, homem; talvez por isso ainda não o entendi.

— Para ser anjo, Hannã, precisa ser sábio e para ser sábio, precisa ser anjo. E só conseguirá ser anjo ou sábio renascendo em você mesmo, o tempo todo.

— O que é preciso para ser anjo ou sábio?

— Humildade, paciência, coragem, disciplina e continuidade, em todos os seus movimentos na vida.

— Somente isso? — interpelei o sábio.

— Não, falta o mais importante.

— O que é, Mestre, o que é?

— O tempo, Hannã, o tempo. É importante entender que tudo o que quisermos ser, transformar, construir e edificar terá que ser lento e desenvolvido sempre, pois todo segredo da vida está na verdade do tempo.

De repente, Mestre Goh ficou calado e mergulhou no seu passado longínquo e, como uma luz inesgotável, falou:

— Quando estive nas universidades do mundo ocidental, em simpósios, meetings, congressos e seminários, reforçava a necessidade do fator administração. Os homens ainda não descobriram o simples e o básico para uma sociedade saudável. Poucos homens no mundo descobriram que a administração é a primeira virtude dos anjos. Sem ela, o caos na humanidade será iminente. Administração deveria ser uma matéria ensinada e aplicada no início da juventude, em todas as escolas.

— E o que é administrar, Mestre Goh? — perguntou Galesh.

— Administrar é a arte de somar e distribuir recursos, de maneira equilibrada e criativa. Sem ela, não existe justiça e equilíbrio. É a administração que denota a eficácia do homem, é um dom natural. Observe os animais: eles administram seu tempo, suas atividades e sua família em harmonia, cada qual respeitando a sua natureza. O homem, pela falta do observar, refletir, tomar atitude, agir e saber esperar, perdeu a capacidade natural de somar recursos para distribuir progresso.

O primeiro recurso que temos de voltar a administrar é o nosso tempo, pois ele é um dos ingredientes mais importantes da sabedoria humana. Quem não administra o tempo, não pode administrar suas virtudes. Ele é a matéria-prima mais cara do universo. Tempo não se ganha e não se perde: tempo se administra. A mais bem paga capacidade do homem é administrar sua própria vida e seus movimentos em harmonia absoluta. É saber esperar, administrando o tempo e o espaço, em atividade permanente.

— Mestre Gü, mas esperar não é ficar parado para ver o que acontece? — questionou Merlin, com sua voz de trovão e sotaque afrancesado.

— Merlin, mais que esperar é saber esperar. O está em perpétua transformação. A Terra, o Sol, o Sistema Solar e as galáxias estão se transformando a cada instante. O que, aparentemente, está parado ou estático, na verdade está se movimentando e se transformando. Vamos a um exemplo simples. Todos sabemos que a Terra tem um movimento de rotação e que gira ao redor do Sol a uma velocidade de 30 km/s aproximadamente. Podemos sentir esse movimento? Não. Não existe nada estacionado no universo, somente as mentes humanas. Em pleno movimento e sob uma administração sideral, nada está fora de controle. No tempo e no espaço, como nós entendemos, tudo se transforma, evolui e se expande, dentro daquilo que poderíamos chamar movimento e pausa. Pausa é o momento interno que significa: redirecionamento, reorganização, reajuste, readaptação;

saber esperar observando, saber esperar refletindo, esperar tomando atitude. Saber esperar é aprender e reaprender com os efeitos de nossos movimentos; é aí que entra a virtude de administrar, que é exercitar o dom da natureza que existe em todos nós. Movimento é jamais estacionar, é atritar consigo mesmo pelo mirar-se, significa olhar-se internamente, de dentro para dentro, aprender a vigiar seus movimentos, pensamentos, bem como os resultados de suas ações. Lembre-se: os nossos movimentos externos são sempre resultados dos nossos movimentos internos, através da observação, da reflexão, do tomar atitude, do agir e do saber esperar. Movimento e pausa significam: ação, observação, reajuste e novamente ação; ação, reflexão, readaptação, e ação outra vez.

— *Temos tudo isso dentro de nós?* — *perguntei.*

— *Sim, Hannã, temos apenas que exercitar para descobrir nosso potencial criativo. Administrar não é pôr e tirar, perder ou ganhar; é somar e disponibilizar recursos, com criatividade e senso crítico; é isso que precisamos aprender e desenvolver para entendermos as leis que regem o universo.*

— *E o que é criatividade e senso crítico?* — *indagou Galesh.*

— *Criatividade é criar do nada tudo o que precisamos para viver. Sabe, Hannã, um dia, tudo que existe começou do nada. Já o senso crítico é avançar e recuar, exercitando o nosso equilíbrio para a vida eterna.*

— *Mestre Goh, e aqueles que não pensam assim?* — *retornou Galesh.*

— *Serão aspirantes na arte de administrar, mais cedo ou mais tarde, em algum lugar do universo. Sem virtudes e justiça, não existe administração, pois não se acompanha as leis da natureza, que sempre trabalham e produzem para o todo.*

— *Então, posso concluir que saber esperar é ter paciência com o tempo, observando os efeitos de nossas atitudes?* — *A voz de trovão de Merlin fazia com que todos nós o olhássemos, com um sorriso discreto no canto dos lábios, só para disfarçar nossa aparente desvantagem.*

— *Exato, Merlin, saber esperar é ter continuidade no processo de mudança e acompanhar o movimento da ação com serenidade.*

Vamos imaginar o seguinte: você tem um compromisso com hora marcada, do outro lado da cidade; saiu de casa no horário e com tempo suficiente para chegar lá. Quando você entrou no automóvel, ao dar a partida, você já tomou atitude. Engatando a marcha, soltando o freio, saindo da garagem e entrando na avenida, você agiu. Quando chegou na avenida, o trânsito estava congestionado e, arrependido de ter saído de carro, quis voltar, mas, preso na fila de automóvel e com a calçada cheia de pedestres, foi forçado a continuar. Só lhe resta, agora, acompanhar o fluxo do trânsito e administrar, buscando outras alternativas de caminho, estando atento aos pedestres que atravessam a avenida sem o menor cuidado, desviando dos buracos, sorrindo para os conhecidos, evitando buzinar para o carro ao lado, que cortou sua frente, e ligando para o compromisso, avisando que vai chegar atrasado. Se, no meio do caminho o pneu furou, pare e troque; a gasolina está no final, pare no posto e abasteça; deu aquele temporal, ligue o limpador de para-brisas. Para chegar ao seu destino, faça o que tiver que ser feito. Com certeza, atrasado, mas são e salvo e com serenidade e paciência, alcançou seus objetivos. Como? Administrando os imprevistos e os problemas, que não foram resultado de sua ação direta; e sorrindo sempre. Tendo a consciência de que você tentou tudo para chegar ao seu compromisso na hora, sua pressa vai desaparecer; a faculdade de saber esperar será desenvolvida e você será premiado pela capacidade de suportar e superar os desafios, os imprevistos e as dificuldades. Assim deve ser em todas as situações de sua vida: no trânsito, na família, no trabalho e na comunidade. Saber esperar, em síntese, é administrar, solucionando os problemas de maneira simples e criativa. Existem mil definições para administrar, mas apenas uma para quem sabe fazê-la: ser sábio. Administrar pessoas e coisas exige sabedoria, tempo e a mais importante de todas as virtudes: saber esperar.

O dia fora longo; o clima ainda inóspito nos obrigou a fazer a última parada, antes de alcançarmos nosso destino. Apesar do cansaço, todos se preparavam para a chegada no Ashram e para conhecer o mestre de Goh, a quem ele tratava carinhosamente de Aghati.

CAPÍTULO VI
CONCLUSÃO

Assumir a nossa vida e os efeitos de nossas atitudes é conquistar a liberdade interna para viver plenamente a maioridade espiritual.

Durante nossa conversa, acredito que você tenha chegado à conclusão de que a prática dos 5 Movimentos é a síntese dos movimentos naturais do comportamento humano.

Vimos também que tudo começa por um simples pensamento que, armazenado de forma desordenada em nosso campo mental pela fixação, nos faz escravos de nossas próprias ilusões.

Identificamos que a omissão e a impulsividade são dois dos fatores que levam o ser humano ao fracasso.

Aprendemos, ainda, que nosso equilíbrio emocional é fruto de pequenas e simples atitudes do dia a dia, realizadas com continuidade e disciplina.

O nosso sucesso não deve ser de fora para dentro, mas sim de dentro para fora. *Sucesso é ter o comando da nossa própria mente, controle das nossas emoções e assertividade em nossas ações.*

Espero que você também tenha concluído que não chegou aos seus limites. Longe disso; você ainda está distante do seu potencial produtivo. As algemas que limitam o seu crescimento só existem dentro de você, pelo puro desconhecimento da sua *força interna*. Use agora a sua *força de vontade,* de forma reeducada e a seu favor, para administrar sua mente e sua vida emocional, encontrando assim a sua liberdade.

Como vimos, para vencer nossos limites e iniciar a nossa reconstrução, utilizaremos duas forças básicas: a *força de vontade* e a *força interna*.

E para gerenciar o movimento que os 5 Movimentos do Autoconhecimento causará em nossas vidas, teremos que administrar pessoas e situações exercitando o comando continuamente.

Então vamos agora fazer um resumo, esperando que, juntos, possamos encontrar um caminho para uma vida mais produtiva.

Vamos, num rápido flash, recordar os 5 Movimentos:

OBSERVAR

É percepcionar a sombra do invisível.

É *prestar atenção* em si mesmo, nas pequenas coisas, e em todas as circunstâncias que nos cercam, reconhecendo o movimento e os ensinamentos de toda a natureza, para a conquista da harmonia e do equilíbrio.

É ampliar nosso campo de visão e todos os nossos sentidos. Pela *força da vontade* vamos *percepcionar* tudo e buscar conexões invisíveis entre todas as coisas. Isto será fácil, após um tempo de exercício.

RESULTADOS POSITIVOS:
- *memória conectiva*;
- *percepção inteligente*;
- equilíbrio e moderação nas atitudes e necessidades;
- universalidade das ideias.

LEMBRE-SE
Faça os exercícios da observação.

REFLETIR

É tomar consciência da realidade que está oculta.

É quando tenho dois pontos iguais ou diferentes e tenho de escolher a melhor opção para o bem do todo. É buscar o que está oculto atrás da dúvida.

O ato de *refletir* desenvolve a capacidade do homem de comparar fatos e dados para uma conclusão. A reflexão vai eliminando atitudes omissas e impulsivas. Acima do pensar, desenvolve a serenidade, a ponderação e a sensibilidade. No início, ela é vagarosa, mas, com o tempo, a rapidez e a naturalidade aumentam, até que se torna veloz como o relâmpago, iluminada como o sol, branda como o orvalho, importante como o farol, paciente como o tempo e infinita como o universo.

RESULTADOS POSITIVOS:
- descobrir que você não é os seus pensamentos;
- romper os condicionamentos mentais;
- higienizar a sua mente;
- dar o primeiro passo para sair da omissão, eliminar a impulsividade e abrir as portas para a *força interna*.

LEMBRE-SE
A reflexão deve estar presente em todos os momentos da sua vida, pois ela saneará suas dúvidas.

TOMAR ATITUDE

É um movimento interno de decidir no mundo das ideias.

É uma postura interna em busca da neutralidade e da impessoalidade, a fim de enxergar as coisas como elas são, e que deve materializar-se com a decisão de mudar externamente aquilo que já está dentro de você, e sair de cima do muro, decidindo internamente e acabando com a omissão. Envolve a observação e a reflexão e conclui-se no exercício interno de organizar, planejar e priorizar.

RESULTADOS POSITIVOS:
- começar a priorizar e resolver suas pendências;
- mudança de postura interna e externa;
- começar a falar na hora certa, para a pessoa certa, a coisa certa, da forma certa;
- desapegar-se daquilo que você não precisa mais;
- previne da angústia e da depressão.

LEMBRE-SE
tomar atitude **é buscar a neutralidade em todos os movimentos de sua vida. Essa nova postura lhe trará maior discernimento e expandirá a** *força interna***.**

AGIR

É materializar ideias em ações, com disciplina e continuidade.

A disciplina é a mãe do *agir*. Agindo refletidamente, acionamos mecanismos interiores que nos transformam em fortalezas. Após o *refletir*, tomamos atitude e, agindo de forma organizada e contínua, nossa vida é transformada, expandindo nossa consciência e ampliando a nossa *iniciativa própria*, o *senso crítico* e a *criatividade*.

INICIATIVA PRÓPRIA é desenvolver a capacidade de fazer, a qualquer tempo em qualquer situação, aquilo que tem que ser feito.

SENSO CRÍTICO é desenvolver a capacidade de avançar e recuar, exercendo as virtudes e o conhecimento.

CRIATIVIDADE é desenvolver do nada recursos necessários para solucionar problemas, utilizando o tempo e espaço mínimos disponíveis.

O *agir* é colocar em prática os nossos planos idealizados. O *agir* dinamizado é colocar em prática o que ficou definido como prioridade, construindo caminhos para alcançarmos nossos ideais e metas. O *agir* consciente exige de nós disciplina, reflexão, continuidade e perseverança. Agindo refletidamente, acionamos a *força interna* que nos auxilia a administrar e vencer as dificuldades do dia a dia. O universo é ação, a vida é movimento; a Natureza é disciplina, e o ser, como seu fruto, encontra neles o seu verdadeiro habitat.

RESULTADOS POSITIVOS:
- aciona a *força interna*;
- reeduca a *força de vontade*;
- é o remédio para insegurança, angústia e depressão;
- conquista da autoconfiança;
- conquista da liberdade interna.

LEMBRE-SE
Faça o que tiver que ser feito,
de maneira organizada e planejada.

SABER ESPERAR

É ter continuidade no processo de mudança e acompanhar os movimentos com serenidade.

Saber esperar é simplesmente dar tempo ao tempo, investir nele e não corrompê-lo, esperando que o tempo faça a sua parte.

Pela inércia prolongada, nossa mente estagnou no tempo e no espaço, tornando-nos seres desatualizados e omissos. O *saber esperar* é ter paciência com tudo e com todos, sem jamais parar. Nossos novos movimentos vão trazendo novas amizades, novos caminhos vão se abrindo, nossa perspectiva de vida se amplia e encontramos soluções jamais imaginadas. O tempo é necessário para o amadurecimento das nossas atitudes e os resultados serão novos pontos de partida para o nosso crescimento, que é infinito. É infalível.

RESULTADOS POSITIVOS:
- desenvolve a continuidade: tudo terá começo, meio e fim em nossa vida;
- desenvolve a serenidade;
- expande os nossos sentidos e a nossa consciência;
- torna a nossa vida mais produtiva.

LEMBRE-SE
Saber esperar **será a virtude primeira no homem do futuro.**

Os 5 Movimentos foram desenvolvidos para seres que querem viver novos horizontes em suas vidas. Eles levarão você a vencer seus limites. E é claro que não paramos por aqui. Ao contrário, é só o começo.

Durante o desenvolvimento deste livro, espero ter conseguido fazer você acreditar que é capaz e que um mundo novo de harmonia e sucesso se encontra à sua disposição. Os 5 Movimentos do Autoconhecimento são as ferramentas para você descobrir o *autoconhecimento – o tesouro desconhecido* que existe dentro de você... e espere que o universo fará o resto.

Mas não poderíamos terminar este livro sem antes nos despedirmos de nossos amigos: Mestre Goh, Hannã, Galesh, Merlin, Irian e Guneh, que nos acompanharam durante nosso percurso, e assim...

***

...Nosso destino era o Ashran, uma comunidade ativa onde, em essência, as crianças, adultos e idosos vivem e interagem para o desenvolvimento individual e coletivo. Nessas comunidades, existem cuidados especiais quanto à alimentação e à educação das crianças. Buscam o conhecimento da mente, o autoconhecimento, a autorrealização e o despertar da força interna.

Era lá o nosso destino final, onde encontraríamos outros amigos do Mestre Goh. Quem seriam eles? A ansiedade me matava e meus passos se alargaram, acelerando a caminhada do grupo.

— Hannã — chamou-me Mestre Goh —, não adianta correr, pois, para onde vamos, só existem árvores, areia, terra...

— Mestre Goh — interrompi seu discurso —, quem são seus amigos? — adiantei-me curioso.

— São homens, Hannã, apenas homens.

— Iguais a você?

— Iguais a mim e a você. Apenas homens, Hannã.

Senti-me um sábio de repente.

— Ora, Mestre Goh, fale-nos de nossos amigos...

Irian, que poucas palavras tinha dito até então, tomou a palavra e falou por Mestre Goh:

— São homens na forma, mas não na essência.

Fiquei surpreso. Irian era ainda um menino de dezessete anos; alto e magro como um coqueiro, trazia consigo uma sacola de pano bordada e com acentuada inscrição vermelha de "Guatemala", que continha uma flauta pan da qual nunca tínhamos ouvido o som, um canivete suíço jamais utilizado e um livro grosso que nunca descobri de que se tratava. Com cabelos longos e ruivos e olhos amendoados, parecia um artista de cinema intergaláctico.

— Pelo que sei — disse Irian, constrangido —, vamos nos encontrar com quatro sábios para discutirmos sobre a situação do mundo, especialmente sobre a Heulosofia, "a ciência do autoconhecimento que irá integrar o ser com os movimentos da natureza e do universo; a autoconexão". Trataremos ainda dos novos padrões de comportamento dos pais, como a Medicina do Amor, e das faculdades do homem moderno, como a Lógica Percepcional nas ações globalizadas.

Mexeu com meu ciúme. Ora, como poderia ele saber disso se Mestre Goh não havia falado para mim? Minha mente, turbinada pelo desconhecimento dos fatos, sentia-se traída, pois, como eu, que acompanhava Mestre Goh pelo simples fato de aprender, não era o primeiro a saber das coisas?

Mestre Goh, percebendo meu embaraço, veio em meu socorro:

— *Hannã, o que é que Irian possui que você não tem?*

Fui descoberto, tive de admitir.

— *Não sei, Mestre Goh. Eu sei o que tenho que ele não tem —* *arrisquei no trocadilho.*

— *E o que é? — perguntou-me ele.*

— *A cabeça vazia como o vento, pernas tortas como galhos de bambu e inteligência soberba que não constrói.*

Mestre Goh riu, como jovem enamorado no dia do casamento.

— *Hannã, você possui uma das raízes mais fortes da natureza e que, hoje, está quase morta no mundo.*

Levantou o meu moral.

— *E o que é, Mestre Goh? — investi na ideia.*

— *Ideal, Hannã. Ideal.*

Irian, mais uma vez, interferiu na conversa:

— *Fale-nos mais sobre isso, Mestre Goh.*

— *O ideal é um reflexo da força interna que nos faz crescer, apesar de tudo, ultrapassando todos os limites da vida e da morte, transcendendo todas as barreiras do poder e do prazer. É uma missão interna que suplanta os próprios limites e que se importa sempre com o começo, com o meio e com o fim de tudo o que se realiza.*

— *Não é a mesma coisa que objetivo?*

— *Não. Objetivos nem sempre se importam com o começo e nem com o meio; o que importa é sempre o fim. Um é alcançado pela força interna, a favor de todos, e o outro pela projeção e desejo do querer, que é alavancado pela força de vontade. Um é missão, o outro atende a interesses próprios. Porém, ambos possuem metas a serem alcançadas. Os caminhos são diferentes e as intenções são opostas. Lembrem-se de não entender, pelas palavras, o que eu digo, mas observar a sombra do invisível do que lhes transmito. A mente humana se confunde no arsenal das interpretações, deturpando os sentimentos. Só nos resta, muitas vezes, utilizar as mesmas palavras para expressar conceitos, sejam velhos ou novos. Razão, aliás, suficiente para se desenvolver o observar e o refletir. As palavras, na civilização moderna, devem ser interpretadas, levando em consideração aquele que fala, e não o que se fala. As palavras são as mesmas, mas as intenções podem ser diferentes. O homem ainda não tomou consciência, pela observação, de que a comunicação é o dom da vida, e que ela pode matar ou dar vida para quem fala e para quem ouve. Somente percepcionando a sombra do invisível poderemos entender o verdadeiro sentido das palavras daquele que fala, através de sua história e de suas obras. Portanto, diferenciamos o ideal do objetivo, para que o jogo das intenções fique claro.*

As famílias não se entendem. Pai, mãe, filhos trazem para o mundo externo interpretações de seus universos internos. As empresas não preparam seus funcionários e parceiros para entender ideais ou objetivos de quem os comanda ou lidera. As comunidades se inter-relacionam, sem antes refletir sobre os padrões de comportamento de seus indivíduos. Nas escolas, não se oferece a unificação da linguagem, simplificada para os alunos. O que existe é um emaranhado de ideias, interpretações, sem entendimentos falados ou escritos. Isso proporciona o caos de linguagem, construindo infinitas interpretações de um mesmo tema, criando assim, disputas ideológicas. Grandes desencontros entre nações podem ocorrer por pura questão de interpretação. Os sentidos identificarão do que estiver cheia a mente.

— *Qual a diferença, na prática, de um idealista e um "objetivista"?* — *perguntei afoito.*

— *Hannã, Hitler foi um "objetivista", e Gandhi um idealista, e ambos tinham metas.*

— *Como distingui-los?*

— *Pelas suas verdadeiras intenções e, consequentemente, por suas ações e obras.*

— *Mas, Mestre Goh, idealista não é aquele que fala, mas não faz; proclama, mas não realiza?*

— *Não, Hannã, esse é um mero sonhador sem futuro.*

— *Então, quais as características de um idealista?* — *perguntou Galesh.*

— *Ele é sempre espontâneo, sua linguagem é para todos e, por isso, tanto o ignorante quanto o mais culto o entendem. É simples, sempre disposto a ensinar, consegue dar vida a tudo que toca, pois possui a força interna a seu serviço. Brota dele a simpatia e a coragem de ser franco e honesto, com a sensibilidade de um amigo e companheiro. É criativo nas coisas mais simples e jamais esquece que nada nos pertence, a não ser a sabedoria que conquistamos. Pode se enganar, mas jamais se ilude. Sua meta, direta ou indiretamente, é invariável: o que é bom para o todo é bom para ele, e jamais o contrário. Vê todas as coisas de frente e sob o ângulo verdadeiro de todas as situações.*

— *Senhor Gü* — disse Merlin —, *como conciliar idealismo com a realidade do mundo atual?*

— *Merlin, devemos começar a enxergar tudo em nossa vida como parte de um grande processo, do qual fazemos parte ativamente, mesmo sem termos consciência deste fato. O que sabemos é que tudo é cíclico. O ciclo que estamos vivenciando, hoje, no mundo civilizado, já está no auge de sua maturação. Deverá começar um novo período; as experiências adquiridas com o movimento presente proporcionarão ao homem do futuro viver com mais sabedoria e prudência. A sociedade do presente abrirá as portas para um novo modelo socioeconômico; o homem será mais valorizado que as máquinas; as relações humanas terão mais importância que as comunicações sistematizadas e via cabo; as relações via internet terão outras aplicações num futuro breve; a ciência não será tratada como um mecanismo de egocentrismo e interesses escusos, mas como parceira inseparável do homem na conquista de uma qualidade de vida melhor e mais justa ao alcance de todos.*

— *O que podemos fazer para antecipar esse futuro?* — perguntou Merlin, com sua voz de trovão.

— *Cada um deve fazer a sua parte e mais um pouco, e bem-feito. Devemos buscar nosso equilíbrio e, com isso, sermos os multiplicadores dessa nova ordem social. Não devemos ter a pretensão de mudar ninguém, apenas de reformular a nós mesmos. Isso é tudo. É um processo interno e individual. Mas é essencial entender que o nosso movimento fará as pessoas saírem da acomodação e lutarem para desenvolver a sua força interna. E, como dominó, basta empurrar o primeiro; os próximos não terão como parar. Estamos iniciando, nesse encontro, no Ashran de meu Mestre Aghati, um edital de convocação para todos que queiram atravessar a fronteira do futuro. Vocês cinco serão preparados para dar continuidade à nossa tarefa. Cada um de vocês terá seu mestre e tutor, para a educação globalizada, com a missão de retransmitir nossa síntese filosófica a outros que queiram abraçar, pela vivência do dia a dia, o saneamento de suas atitudes e do pensar. Não existindo verdade absoluta, faremos entre nós sugestões e trocaremos experiências, com base em nossas próprias vidas, como única herança que legaremos à humanidade.*

— Mestre Goh — pediu Galesh —, resuma-nos como começar e como fazer.

— Não existe lugar estratégico para começar o caminho do autoconhecimento. O que existe são consciências prontas, em todos os lugares, para iniciar o processo de saneamento interno e, consequentemente, de âmbito global. Não importa por onde começar, pode ser pela família, no campo profissional ou na comunidade; o que importa é que, com o tempo, se espalhará por todos os cantos do planeta. É lento, seguro e certo. Neste processo de saneamento mental, que já começou, somos apenas gotas do oceano a formar as ondas; abelhas a produzir o mel nesta grande colmeia que é a chamada família humana. Neste novo padrão de comportamento, surgirão mais homens empreendedores que comandarão um futuro de esperança e que simplificarão todo o sistema educacional e empresarial, nascendo assim uma nova ordem social mais unificada e justa.

— Mas, Mestre Goh, transformar a sociedade, seu sistema e a educação das pessoas não seria quase impossível?

Mestre Goh, curvando-se para os ouvidos de Galesh, confidenciou:

— Galesh, não conte para ninguém... O segredo dessa transformação é tão simples como abrir os olhos, ao acordarmos de manhã. Basta observar tudo e todo o movimento à nossa volta; refletir,

quebrando nossos condicionamentos e as tradições que nos impedem de crescer; tomar atitude, saindo de cima do muro; agir, fazendo a nossa parte; e também saber esperar, produzindo sempre para o bem de todos. Você é capaz de praticar esses cinco movimentos? Aprendi, Galesh, que o que transformará os homens é o despertar para as coisas mais simples da vida. Os homens já estão prontos e não sabem. Nossa tarefa é fazê-los acreditar que são capazes de resgatar a sua força interna. Como um código universal, ela, a força interna, unificará os homens em seus ideais mais sublimes, no infinito do amor, da paz e da justiça. Que cada um faça a sua parte. Esse movimento global, Galesh, está acima de todos os mortais. É o planejamento sideral. A dor que o mundo sofre, hoje, é a necessidade de crescer, mudar e expandir. Os homens sofrem porque querem encontrar o caminho para serem o que realmente já são, porém não sabem como fazê-lo. — Mestre Goh olhou para o chão e disse, num gesto de profunda compaixão: — Eu acredito no mundo, eu acredito no futuro dos homens, eu vejo essa luz...

Chegamos ao Ashran, todos ansiosos para o encontro entre os cinco sábios: Aghati, Ionan, Jokta, Yô e Mestre Goh. Quando as estrelas mais vivas, no céu azul de veludo, começaram a surgir, sorriram para Mestre Goh... e a história continuou...

CARO LEITOR,

A você, que me deu a honra de participar de sua vida, a todos os personagens das histórias deste livro, cujas verdadeiras identidades foram rigorosamente preservadas, e a tantos outros que me acompanharam neste trabalho com tanta dedicação, eternamente, muito obrigado. Espero encontrá-lo em alguma coordenada cósmica neste universo infinito.

Paulo Zabeu

FONTE Adobe Garamond Pro
PAPEL Pólen Natural 80 g/m²
IMPRESSÃO Paym